Die Bedeutung der Philosophie Hegels

für die Gegenwart

Von

Emil Hammacher,
Privatdozent für Philosophie an der Universität Bonn

Motto:
Τοῦ λόγου ἐόντος ξυνοῦ ζώουσιν οἱ πολλοὶ ὡς
ἰδίαν ἔχοντες φρόνησιν.
Obwohl die Vernunft allen gemeinsam ist, leben
doch die meisten, als ob sie eine nur subjektive
Einsicht hätten.   Heraklit.

Leipzig
Verlag von Duncker & Humblot
1911

Alle Rechte, besonders das der Übersetzung, vorbehalten

Altenburg
Pierersche Hofbuchdruckerei
Stephan Geibel & Co.

Gewidmet

Herrn Pfarrer Carl Jatho
in Cöln,

dem unermüdlichen Vorkämpfer für
Frömmigkeit und protestantische
Freiheit,

in herzlicher Verehrung.

Inhaltsverzeichnis.

	Seite
Einleitung. Der anthropologische Ursprung von Hegels Idealismus	1
Erstes Kapitel. Skizze einer Geschichte des nachkantischen Idealismus	5
Zweites Kapitel. Die Wiederholung des nachkantischen Idealismus in der Gegenwart	12
Drittes Kapitel. Die Ablehnung des absoluten Idealismus	24
Viertes Kapitel. Der Wahrheitsgehalt des absoluten Idealismus	34
§ 1. Die Grundlegung der Philosophie im Problem des Transzendentalen	34
§ 2. Das Problem des Empirischen	38
§ 3. Das Problem des Transzendenten	51
§ 4. Das Zugleichsein des Empirischen und Transzendenten im Selbstbewußtsein	58
§ 5. Die biologische Möglichkeit des Selbstbewußtseins	64
§ 6. Rückblick auf die Lösung der Aufgabe	68
Belegstellen und Ergänzungen	72
Register	91

Vorwort.

Die folgende Abhandlung, die sich in ihrer Weise in den Dienst des Neuhegelianismus stellt, soll für sich selbst sprechen. Die Absicht ist von vornherein auf das Systematische eingestellt. Trotzdem habe ich nach Möglichkeit die Meinungen anderer berücksichtigt, da nur so eine einheitliche Überzeugung erzielt werden kann. Obwohl die Arbeit den Rahmen einer Selbstverständigung überschreitet, soll doch gerade die Kürze dazu dienen, die prinzipiellen Gesichtspunkte klar hervortreten zu lassen. Eine ungefähre Kenntnis der früheren und gegenwärtigen Transzendentalphilosophie wird vorausgesetzt.

Ich habe nur noch zwei persönliche Bemerkungen zu machen. Dieses Buch ist gewidmet Herrn Pfarrer Carl Jatho in Cöln, der in diesem Augenblicke wegen Irrlehre vor der Kirchenbehörde in Berlin angeklagt ist. Der Grund ist kein anderer als sein pantheistisches Glaubensbekenntnis. Über die Vereinbarkeit des Pantheismus mit dem Christentum habe ich im folgenden Text gehandelt. Hier sei nur dies festgestellt: Will die protestantische Kirche einen solchen Standpunkt nicht mehr dulden, so muß sie auch diejenigen aus ihrer Tradition streichen, die nicht trotz, sondern wegen ihres Pantheismus bisher als die Erneuerer der Religion und des Christentums gepriesen wurden, wie Schleiermacher, Fichte, Schelling und Hegel. Sollte wirklich eine solche Reaktion in der Kirche möglich werden, so ruft dies auch die Philosophie in die

Schranken, die das gefühlsmäßige Erlebnis der Religion in der Metaphysik beweist.

Schließlich sei noch erwähnt, daß ich mit Dank an die anregenden und belehrenden Diskussionen zurückdenke, die ich im vergangenen Semester — ursprünglich aus Anlaß von Universitätsübungen — über das hier bearbeitete Thema mit Herrn und Frau Dr. Siegfried Behn und Herrn Kollegen Dr. Ohmann hatte.

Bonn, Anfang März 1911.

Emil Hammacher.

Einleitung.
Der anthropologische Ursprung von Hegels Idealismus.

Es sind zwei Ursachen, die die Entstehung und Fortbildung der Philosophie bestimmen, das Bedürfnis nach einer harmonischen Weltanschauung, die den Ansprüchen der Gesamtpersönlichkeit genügte, also auch den Gemüts- und Willensgrundlagen unserer so fragwürdigen Existenz, und zweitens das sachliche Interesse, die logische Konsequenz der von allen Spuren der Abkunft losgelösten und ein Leben für sich führenden Gedanken. Daß die Wahrheit unsere vielleicht hochgespannten Erwartungen befriedigte, ist ebenso ein Vorurteil als die gegenteilige Behauptung; und schon deswegen haben wir von vornherein keinen Grund zu verzweifeln, weil auch der Inhalt des Bedürfnisses historisch bedingt ist und der veränderten Erkenntnis wohl zu folgen vermag. Solange das Ergebnis, die reine Erkenntnis, noch umstritten ist, hat jedes Individuum und jede Zeit den wohl niemals völlig rational lösbaren Konflikt auszufechten zwischen Subjektivität und Objektivität, zwischen den Reizen und Feierlichkeiten des personalen Erlebens und der kalten Schärfe des autonomen Begriffs. Sind wir bereit, der Würde der Wahrheit jedes Opfer zu bringen, so lernen wir hieraus ein vorsichtiges Mißtrauen gegen Weltdeutungen, die allzu sehr dem Bedürfnis und der Sehnsucht des Menschen zu schmeicheln scheinen; dies bedeutet indes selbstverständlich keinen schon genügenden sachlichen Einwand, der stets nur von dem gleichen Boden der behaupteten Objektivität aus erhoben werden darf.

Mit solcher Stimmung sind diejenigen Strömungen der Gegenwart zu betrachten, die die Erneuerung des Hegelianismus sich zum Ziele setzen. Denn dies kann keinem Zweifel unterliegen: der Übergang vom subjektiven Idealismus Kants und Fichtes zum objektiven Idealismus Hegels ist in der Tat imstande, am tiefsten die Unruhe des modernen Menschen zu stillen, seine Friedlosigkeit zu versöhnen und sein Verlangen nach einem absoluten Sinn und Endziel zu erfüllen. Denn wie in keinem andern System ist hier eine universale Lebensbejahung vereint mit einer unüberbietbaren Wertung des Menschen. Daß die Philosophie Hegels durch diese Eigenschaften die Menschen bezwang, darüber existieren die schönsten Dokumente, die die Schüler des Meisters zu seinen Ehren hinterlassen haben. So berichtet uns sein Biograph Rosenkranz: »Durch die jungen Köpfe nicht nur, auch durch die jungen Herzen zitterte ein neues Leben. Die Erkenntnis, daß das Negative eine dem Absoluten selbst immanente und nur aus diesem Grunde von ihm auch aufgehobene Bestimmung sei, die Erkenntnis der Notwendigkeit des Schmerzes für den Geist, aber auch die Macht des Geistes, im Widerspruch aushalten, ihn überwinden, als Sieger aus allen, auch den härtesten Kämpfen, zur Versöhnung mit sich hervorgehen zu können; die Gewißheit, daß der Genuß des schlechthin Wahren in dieser Gegenwart möglich und daß die Wirklichkeit auch des Göttlichen voll ist, falls man nur die Augen und Ohren des Geistes hat, es zu sehen und zu hören, diese Gewißheit wurde das Prinzip der intellektuellen und sittlichen Wiedergeburt vieler Menschen, welche an Sehnsüchtelei, an Schönseligkeit . . . . . erkrankt waren«[1]). Charakterisieren diese letzten Worte nicht gerade Grundgebrechen unserer Zeit? Daß er die Zeitgenossen mit dem Leben und der Gegenwart versöhnt habe, preist Foerster bei feierlichen Gelegenheiten als Hegels Hauptverdienst[2]); das schönste Denkmal der Wirkung einer Philosophie, das ich kenne, hat Hotho in seinem Buche »Vorstudien für Kunst und Leben« dem Meister gesetzt: »Noch war kein Jahr vorüber«, schreibt er, »so fand ich mich als einen durchaus neuen Menschen wieder«[3]).

Die staunende Bewunderung wird jedoch durch einen gewissen Argwohn zurückgedrängt, wenn wir Entstehung und Absicht der Hegelschen Philosophie ins Auge fassen. Der Ursprung des absoluten Idealismus ist ein anthropologischer; Hegel will die Religion und Metaphysik aus den notwendigen Bedürfnissen des Menschen erklären; später wird einfach das als Ausdruck der Sehnsucht Abgeleitete für metaphysisch wahr erklärt als eine Vereinigung des Endlichen und Unendlichen. Ursprünglich wollte er sich von der Erklärungsart der Aufklärung nur dadurch unterscheiden, nicht deren grellen Aberglauben an den menschlichen Verstand für wahr zu halten, sondern die Religion zu verstehen im Zusammenhange mit den Sitten und dem Charakter der Völker und Zeiten. Die Meinung des Übernatürlichen beruht auf der Voraussetzung, daß alles Höhere, Edle und Gute im Menschen von Gott kommt. So ist Religion nur Ausdruck einer subjektiven Überzeugung, Sache des Herzens, in die sich das Raisonnement nicht einmischen darf. Noch in der Schrift »Über die Differenz des Fichteschen und Schellingschen Systems« klingt dieser Ursprung deutlich nach, wenn Hegel schreibt: »Entzweiung ist der Quell des Bedürfnisses der Philosophie«; soll der Philosophie ein Vorhof gemacht werden, so ist es das Bedürfnis. Aber der Inhalt des zuerst genetisch Abgeleiteten wird nun für wahr erklärt, und damit zugleich der für Hegel so charakteristische Monismus des Diesseits und Jenseits begründet, eine Überzeugung also, die das als getrennt Empfundene zur Einheit erhebt[4]).

An die Abstammung aus der Bedürfnisbefriedigung werden wir aber auch noch erinnert, wenn Hegel in seiner Reifezeit als »Endzweck der Wissenschaft« angibt, die Versöhnung der selbstbewußten Vernunft mit der seienden Vernunft, der Wirklichkeit hervorzubringen. Und ähnlich wird als Zweck der religionsphilosophischen Vorlesungen bezeichnet, »die Vernunft zu versöhnen mit der Religion«; selbst der Augenblick des höchsten Triumphes, als die philosophiegeschichtliche Betrachtung zum eigenen System eingelenkt hat, wird mit den alten psychologisch klingenden Worten gefeiert, die Hegel schon als Jenaer Dozent vortrug: »Dies ist nunmehr das Bedürfnis der allgemeinen Zeit und der Philosophie. Es ist eine neue Epoche in der Welt entsprungen«[5]).

Noch einmal sei betont, daß die bisherigen Ausführungen das Problem selbst unerörtert lassen. Es lautet vielmehr so: Heißt wirklich Kant verstehen, über ihn hinausgehen und bis zu welchem der nachkantischen Systeme und hier wie weit führt die sachliche Notwendigkeit der Fortbildung? Dabei soll vorausgesetzt werden, daß überhaupt die Bedeutung des transzendentalen Idealismus zugestanden ist. Im folgenden soll hauptsächlich Licht auf seine Mängel in der Fassung Kants fallen, da sie uns die Fortbildung von seinem Standpunkt zu dem des späteren Idealismus am meisten begreiflich machen. Nachdem die Geschichte dieser Systeme kurz skizziert ist, wird dann zunächst ein kritischer Blick auf die wichtigste Literatur folgen, die in der Gegenwart den Weg von Kant bis Hegel erneuert oder wenigstens in wichtigen Bestandteilen erneuern zu müssen glaubt.

Erstes Kapitel.
Skizze einer Geschichte des nachkantischen Idealismus.

Kant teilt den Menschen in ein rezeptives und aktives Wesen. In der Sinnlichkeit erhalten wir von unbekannten Gegenständen als Ursachen der Empfindungen Eindrücke, deren Mannigfaltigkeit und Chaos der Verstand vermöge seiner Kategorien zur Erfahrung ordnet. Weil uns Gegenstände gegeben werden müssen, die doch in unsere apriorischen Formen eingehen, erkennen wir nur Erscheinungen, können aber wenigstens durch den reinen Verstand Dinge-an-sich denken. Will die Vernunft sie bestimmen, so werden wir auf Widersprüche geleitet. Der Mangel dieses Idealismus ist die Unbestimmtheit in der Ableitung der ganzen Architektonik des Gemütes. Sie tritt zutage in dem Dualismus von Sinnlichkeit und Verstand, dessen Überwindung Kant selbst als wenigstens möglich ansah, in der Unterscheidung der Wahrnehmungs- und Erfahrungsurteile, die der Sinnlichkeit eine merkwürdige — wenn auch untergeordnete — Selbständigkeit läßt, und vor allem darin, daß auf dem Gebiet der theoretischen Erkenntnis, der Wissenschaft, die transzendentalen Funktionen nur auf die Erfahrung angewandt werden dürfen, auf dem Gebiete der Ethik umgekehrt die transzendental abgeleitete Pflicht zum intelligiblen Reich gerechnet wird und alle Erfahrung, alle »materiale« Bestimmung und Bestimmtheit ablehnt. Eine Versöhnung hat Kant bereits in der Kritik der teleologischen und ästhetischen Urteilskraft eingeführt, nach der die Betrachtung zugelassen wird, »als ob« die Erscheinungen die

Grenze der Kausalbetrachtung, die Synthesis von Natur und Freiheit aufwiesen. Vor allem drängt sich auch das Problem auf, wie es gedacht werden kann, daß das apriori bei allen Menschen das gleiche ist; es leitet dies hinüber zu einem Begriff, der die Kategorien des einzelnen wiederum einem gemeinsamen Orte einreiht: zu einem neuen Begriff der Menschheit, der Gattungsvernunft. Alle diese Fragen kreisen auch in dem Problem, auf welche Prinzipien sich die Voraussetzung des transzendentalen Idealismus, die transzendentale Methode, selbst gründet. Ihr Grundsatz, strenge Notwendigkeit und Allgemeingültigkeit kann nicht aus der Erfahrung stammen, sondern beweist einen apriorischen Ursprung, der Erfahrung schaffen läßt, ist freilich unanfechtbar. Aber es fragt sich doch, was denn nun unter diesem Gesichtspunkt den Charakter der Apriorität verdiene. Für Kant ist hier maßgebend die Anlehnung an die vorgefundenen Wissenschaften der reinen Mathematik und Naturwissenschaft, deren apriorische Gewißheit er ebenso unbesehen übernimmt als die Möglichkeit der kritischen Methode überhaupt.

Fichtes System bezweckte, den Standpunkt dieser Philosophie selbst wieder zu begründen, und indem er die Sinnlichkeit strich, gelangte er zu dem absoluten Ich, das als Bedingung möglicher Erfahrung reines Sollen ist. Von Kants praktischer Vernunft aus bildete er die Metaphysik des ethischen Idealismus, nach der zwar die Vorstellungswelt vermöge der produktiven Einbildungskraft deduziert werden kann, die Erklärung aber des Grundes des Nicht-Ich nur aus dem praktischen Verhalten begreifbar wird, der Notwendigkeit des Hemmnisses und der Schranken. Dieser Idealismus bleibt — trotz des durch die intellektuelle Anschauung ermöglichten metaphysischen Standpunktes — deshalb subjektiv, weil er die Natur nur als Material der Pflicht kennt und dem Ich unendliche, niemals befriedigte Wirksamkeit zuschreibt. Und trotzdem das absolute Ich vom empirischen Einzel-Ich unterschieden wird, beharrt diese Ethik zunächst als formalistische und extrem individualistische; der einzige Grundsatz ist der, daß jeder nach seinem Gewissen handelt[1]). Wie jedoch schon Kant die praktische Vernunft als Vermögen der Zwecke überhaupt definiert und so die Menschheit zu ehren und um sie sich durch Kultur verdient zu machen zur Pflicht erhoben hatte[2]), so befiehlt uns auch Fichte schon in dieser seiner Entwicklungsphase, nach Kräften zur Erhöhung der Humanität des ganzen Brudergeschlechtes beizusteuern[3]). Hier liegen die Wurzeln, aus denen der spätere Antiindividualismus hervorgeht, der Fichte erklären läßt, daß nur die Menschheit existiert, ja das Individuum das Unedle und Häßliche ist; Zweck der Gattung ist die Kultur, d. h. die Herrschaft der Ideen. Aus der unendlichen Wirksamkeit ist die philosophische Betrachtung der Geschichte geworden, die ein Sollen nicht zuläßt, vielmehr die Abfolge der fünf Zeitalter, das notwendige Kommen des Vernunftreiches beweist. Doch besteht hier ein individualistischer Zug fort, insofern Fichte Spinoza gleich zuletzt aus Unmut über die Gegenwart, das Zeitalter der vollendeten Sündhaftigkeit, sich auf die intellektuelle Liebe zu Gott zurückziehen will[4]). Später hat er, wie es dem Tatmenschen zukam, den Standpunkt des Betrachters wieder verlassen und dem Philosophen die Aufgabe zugewiesen, als »Oberherr«, als ein ins Sittliche gewandter Napoleon, das Vernunftreich herbeizuführen[5]). Der letzte Dualismus Kants war damit gelöst: der Konflikt zwischen dem intelligiblen zeitlosen Reich der Iche-an-sich und der empirischen Gesetzmäßigkeit der Geschichte, die das Individuum unter sich subsumiert, anstatt ihm zu gestatten, aus sich eine neue Reihe anzufangen. Die alte metaphysisch-christliche Geschichtsauffassung war vermählt mit dem neuen empirisch begründeten kulturgeschichtlichen Standpunkt: ausschließlich im Diesseits fand Fichte nun das metaphysische Sein, so daß gerade deshalb der Gegensatz der beiden Reiche in dem Gedanken einer Ewigkeitsbedeutung der Menschheit getilgt war.

Der objektive Idealismus, den Fichte in seiner zweiten

Phase verkündigt, kennt überhaupt keine Natur, die er früher als notwendiges Mittel abgeleitet — und gehaßt hatte. Diesem Mangel hatte schon längst Schelling abgeholfen, der zuerst — schon lange vor Fichte — den subjektiven Standpunkt verlassen hatte. Er ergänzte zuerst das System Fichtes durch eine selbständige Naturphilosophie, nach der die Natur eine Stufenfolge teleologisch gewinnbarer Kräfte darstellt, und fand das Bindeglied zwischen Natur und Geist in der Kunst, in der »in einer Flamme brennt, was in der Natur und der Geschichte gesondert ist, und was im Leben und Handeln ebenso wie« im Denken ewig sich fliehen muß«. Deshalb ist die Natur »ein Gedicht, das in geheimer und wunderbarer Schrift verschlossen liegt«[6]). Später schickte Schelling in seinem vollendeten Identitätssystem eine Wissenschaft des Absoluten voran, die Theologie, um erst aus ihrem Gegenstand als der totalen Indifferenz des Subjektiven und Objektiven die stets analogen Reihen des Realen und Idealen, die in den Natur- und Geschichtswissenschaften dargestellt sind, zu folgern. Auch jetzt ist die Kunst das Höchste; denn sie ist, während die drei positiven Wissenschaften das Absolute nur einzeln objektivieren, die Objektivität der Philosophie in ihrer Totalität, ihr magischer und symbolischer Spiegel, die Darstellung der absoluten Welt. In der Geschichtswissenschaft wurde von größter Bedeutung die Rezeption des antiken Staatsgedankens; während Fichte das Mißtrauen der Aufklärungsphilosophen gegen den Staat nie verlassen hatte, erklärt Schelling, die vollendete Welt der Geschichte sei »der Staat als der äußere Organismus einer in der Freiheit selbst erreichten Harmonie der Notwendigkeit und der Freiheit«[7]).

Die Eigentümlichkeit Hegels besteht nun darin, daß er alle die skizzierten neuen Ideen aufnimmt, aber das durch die Berufung auf die innere Anschauung allmählich Diskreditierte durch einen neuen Rückgang und eine neue Kritik der Kantischen Philosophie zu rationalisieren suchte.

Hegel tadelt nämlich bei Kant, den er im übrigen preist,

das Bewußtsein der absoluten Innerlichkeit erweckt zu haben, folgendes. Die Erkenntnistheorie ist unmöglich, da sie sich selbst voraussetzen müßte; sie gleicht dem Unternehmen dessen, der schwimmen lernen will, ohne ins Wasser gehen zu wollen[8]). Zweitens: Kant hat den Verstand mit Vernunft, aber die Vernunft mit bloßem Verstande behandelt. Die nicht durchgeführte Einsicht ließ ihn verkennen, daß der von ihm in Anwendung auf das Ding-an-sich gefundene Widerspruch in allem mit der Vernunft Geschauten ist, und daß deshalb gerade die Wahrheit verbürgt ist, deren Organ demnach nicht der gewöhnliche Menschenverstand und die Gesetze der Normallogik sind, sondern die diese leugnende »Vernunft«[9]). Mit dieser neuen dialektischen Methode erweitert Hegel Schellings Meinung, daß im Absoluten der Satz vom Widerspruch seine Geltung verliere; er erfüllt das Programm der Romantiker, denen wie Novalis diesen Satz aufzuheben das Höchste war[10]). Drittens erklärt Hegel, es sei nichts leichter, als Kants Ding-an-sich zu kennen, nämlich durch die einfache Reflexion, »daß dieses Caput mortuum selbst nur das Produkt des Denkens ist, eben des zur reinen Abstraktion fortgegangenen Denkens, des leeren Ichs, das diese leere Identität seiner selbst sich zum Gegenstand macht«[11]). Einfacher ausgedrückt, heißt dies, das Ding-an-sich ist als Gedachtes nichts als Gedankending und drückt deshalb auch nur die formale Identität des Gedankens mit sich selbst aus. So wird aus Kants transzendentaler Logik eine Metaphysik, nach der nun das Wirkliche überhaupt, das Absolute, Geist ist und zugleich eine Abfolge dialektisch verbundener Kategorien oder Begriffe, die reale Wesenheiten sind und als Einheit des Mannigfaltigen konkret heißen. Das Absolute ist demnach eine lebendige Entwicklung, die sich selbst zum Ziele hat, eine Selbstbewegung der Begriffe oder Ideen. Ihr allgemeines Thema ist, vom Ansichsein durch das Fürsichsein zum An- und Fürsichsein, das heißt zum Selbstbewußtsein zu gelangen. Diese Form fällt mit dem Inhalt, der sich selbst zeugenden Vernunft zusammen. Die

Philosophie oder das System der Wissenschaften kann deshalb apriori gefunden werden, weil der genügend durchlaufene Begriff schließlich einen Widerspruch, eine Negation oder Schranke aufweist, die zum zweiten führt, der ihn »aufhebt«, d. h. sowohl vernichtet als aufbewahrt. In der Synthesis verbinden sich Thesis und Antithesis zu einem Neuen. Das Logische ist zugleich das Metaphysische, die Kausalität analytisch-rational und synthetisch zugleich; alle starren Unterscheidungen der Verstandeslogik werden flüssig. Der allgemeinste Prozeß ist der, daß die Logik zuerst das An-und-für-sich-sein Gottes darstellt, wie er vor der Erschaffung der Natur und eines endlichen Wesens war; das reine Sein oder Nichts wird durch unzählige Stufen schließlich zur Idee entfaltet. Die Natur als das Anderssein des Geistes setzt den Prozeß fort, um in der Geschichte sich zu vollenden, d. h. im Selbstbewußtsein die Synthesis aller Gegensätze, die absolute Erkenntnis und Versöhnung zu gewinnen.

Um den Ausgangspunkt der Logik zu beweisen, schickte Hegel die »Phänomenologie des Geistes« voraus, die anstelle einer erkenntnistheoretischen Grundlegung tritt. Hier werden wir aufgefordert, von der unmittelbaren Sinneswahrnehmung anfangend der Abfolge der Stufen zuzusehen, in der, da das Individuum die Bildungsgeschichte der Gattung wiederholt, die sowohl psychologische als historische Selbsterfahrung schließlich bei dem sich als »Geist wissenden Geist« ihr Ende erreicht und deshalb das System des absoluten Idealismus durch Induktion begründet hat. Die Prüfung dieser Schrift ist deshalb das Wichtigste, weil — ihre Richtigkeit zugegeben — auch die Philosophie selbst als Konsequenz der »Phänomenologie« gültig abgeleitet ist. Wir sehen hier von der Erläuterung der einzelnen Stufen ab, erkennen aber jetzt schon den unvergleichlichen Tiefsinn und die Großzügigkeit dieser Gedankenwelt. Es ist in der Tat, als ob die absolute Unruhe des Begriffs alle Gegenstände wankend mache, um den letzten Schleier von ihnen abzureißen und sie in der

Nacktheit ihrer ewigen Einheit und Gegensätzlichkeit zu schauen. Ja, man spürt, daß sonst nur die Kunst, insonderheit die Musik, so tief in das Weltweben eindringen kann. Darin besteht die Größe Hegels, daß er dem doppelten Motiv gerecht wird, sowohl die Allgemeingültigkeit der Erkenntnis zu behaupten als auch den Blick für unsagbare Tiefen und Geheimnisse des Wirklichen zu bewahren. Fraglich muß nur sein, ob ein solches System Wissenschaft sein kann.

Zweites Kapitel.
Die Wiederholung des nachkantischen Idealismus in der Gegenwart.

Im folgenden betrachten wir zunächst die wichtigste Literatur, die den Weg von Kant bis Hegel heute zu gehen gewillt ist oder wenigstens zu gehen geneigt scheint. Vor allem kommen hierbei die Ansichten Windelbands und Rickerts in Betracht, die auch deshalb ein besonderes Interesse beanspruchen, weil gerade Windelband vor kurzem die Schwenkung vom Neufichteanismus zu einem freilich sehr begrenzten Neuhegelianismus vollzogen hat.

Als er zuerst das Andenken Fichtes erneuerte, pries er mit Recht als sein Verdienst: »daß er den teleologischen Charakter der kritischen Methode klar erkannte und die Aufgabe der Philosophie dahin bestimmte, das System der (im teleologischen Sinne) notwendigen Vernunfthandlungen aufzustellen.« Deshalb ist das Problem der Philosophie die Geltung der Axiome, d. h. es ist aufzuzeigen, welche Bedingungen erfüllt sein müssen, die die Allgemeingültigkeit der Logik, Ethik, Ästhetik und Religion, kurz das Normalbewußtsein möglich machen[1]). Fichtes metaphysische Ausdeutung dieses Gedankens, nach der nun das Nicht-Ich als Mittel der Wirksamkeit des Ich erklärt wurde, ließ man dagegen der erkenntnistheoretischen Vorsicht zu Liebe fallen und beschränkte sich auf die Entdeckung des neuen Reiches der Werte, des Geltens, das dem Sein gegenübertritt. Das reine Sollen war als letzte Voraussetzung der Erfahrung gefunden.

Der Fortschritt über Kant hinaus ist groß. Ob der letzte Sinn seines Systems in den Augen des Schöpfers die Sicherung der apriorischen Mathematik und Naturwissenschaft war oder die Zerstörung der dogmatischen Metaphysik mit der Absicht, den Glauben an die Stelle des Wissens zu setzen, kann meines Erachtens nicht eindeutig beantwortet werden, da Kant selbst hier verschiedenen Stimmungen unterlegen ist. Auf jeden Fall aber ist der Rationalismus der Marburger Kantschule ein künstlicher Standpunkt; denn hier fällt so sehr alles Licht auf die erstgenannte Interpretation, daß hierdurch die dumpfe Resignation, die die Unerkennbarkeit des Ding-an-sich bedingt, direkt ausfällt. Dieses crux des Neukantianismus verführt nämlich zu einer falschen Auslegung, indem man aus dem notwendig nicht erkennbaren Gegenstand eine sich in der Unendlichkeit realisierende Erkenntnis macht. Kants Agnostizismus ist dann aber verlassen und bereits Hegels Gleichung zwischen Ding-an-sich und Gedankending vollzogen [2]). Anstatt dieses Problem aufzurollen, versuchten die Neufichteaner die Voraussetzungen der transzendentalen Methode teleologisch zu gewinnen. Die Folge davon war, daß man beim subjektiven Idealismus stehen blieb, d. h. bei einem kritischen Standpunkt, der in Wirklichkeit ein nach Möglichkeit verschwiegener Phänomenalismus war; in den Vordergrund trat nicht sowohl das Problem des Verhältnisses der Erkenntnis zu ihrem Gegenstand als die Frage nach dem Gegenstand der Erkenntnis selbst.

Hier vor allem setzen die Untersuchungen Rickerts ein, wobei absichtlich nur seine jüngsten Publikationen berücksichtigt werden sollen. Rickert erkennt an, daß die Erkenntnistheorie nicht völlig voraussetzungslos sein kann, daß sie die Beziehung auf einen Gegenstand und das erkennende Subjekt voraussetzt. Indem nun der Gegenstand sofort das Transzendente genannt wird und von der durch Kant im Prinzip scharf gesonderten empirischen Objektivität nicht unterschieden wird, ist der Grund gelegt zu den späteren Mißhelligkeiten der metaphysischen

Problemstellung. Sehen wir hiervon zunächst ab, so leitet nun Rickert daraus, daß alles Erkennen Urteilen ist, die Bestimmung des Gegenstandes ab als des Gefordert werden oder Anerkennung Erheischenden, kurz des Sollens. Hier wird zu Unrecht identifiziert die Tatsache des überempirischen Geltungsanspruches einschließlich seiner kategorialen Synthesen mit der irgendwie dem Sinneswesen orforderten Gegebenheit im »Stoff« des Urteils. Wenn Rickert selbst zwischen Form und Inhalt scheidet und behauptet, daß die Richtigkeit unserer Gedanken nicht nur vom Inhalt, sondern auch von den Auswahl- und Anordnungsprinzipien des Erkennens abhängt, so ist dies gerade auch unsere Meinung, sollte aber doch deshalb zu einer vorsichtigeren Behandlung des Gegenstandsproblems führen. Wenn der Gegenstand als Sollen bezeichnet werden darf, dann ist es nur konsequent, zum objektiven Idealismus durch das einfache Argument Hegels zu gelangen, der Gegenstand sei ein Ideales, ein Gedankengang, Geist. Alsdann ist die Überwindung des Dualismus von Sein und Sollen gelungen. Es ist interessant genug, daß auf diese Weise der Monismus des metaphysischen Spiritualismus trotz seines ursprünglich ganz anders gerichteten Ausgangspunktes zusammentrifft mit dem empiristischen Konszientialismus oder Psychomonismus, dem das Gegebene nur Bewußtseinstatsache ist. Rickert geht jedoch einen solchen Weg nicht: mit Unrecht, soweit seine Gegenstandsbestimmung ihn zur Konsequenz hat, mit Recht, weil diese selbst unzutreffend ist und nur ein falsches Vorurteil meinen kann, daß der Gegenstand bloß wegen seiner Erkenntnismöglichkeit und Erkenntnisnotwendigkeit ein dem Geiste analoges Substrat bergen, nichts als Sollen sein müsse.

Windelband und Rickert gelangten vielmehr vom Begriff des Sollens zu dem des Wertes, und auf diesem Fundament, dessen Zusammenhang ursprünglich nicht so problematisch empfunden wurde wie heute, baute man dann die bekannte neue Methodik der Wissenschaften auf, nach der sie entweder das Allgemeine oder das Einmalige zum Ziele haben; die

Koordination von Natur und Geschichte führte zur Aufstellung der nomothetischen und idiographischen, der Gesetzes- und Wirklichkeitswissenschaften, der Natur- und Kulturwissenschaften. Speziell die Geschichtswissenschaft wurde gegen die naturwissenschaftliche Logik verteidigt, ihr die Aufgabe vindiziert, das historisch Relevante als das angesichts des Kulturlebens Wertvolle aufzusuchen, wobei die Auswahl des Besonderen durch bloße Wertbeziehung, beileibe aber keine Wertbeurteilung möglich werden sollte. Als eine fast selbstverständliche Voraussetzung wurde dabei angenommen, daß wirklich nur die reine Erfahrung ist, daß die Elemente, die die Naturwissenschaften zur Überwindung der extensiv und intensiv unübersehbaren Mannigfaltigkeit finden, Fiktionen sind. Wenn aber das Rationale nur ein Hilfsbegriff ist, so ist offenbar der Wert und die Geschichte übergeordnet; Rickert gesteht deshalb auch, daß die Grundlagen der Geschichte mit denen der Philosophie als Wertwissenschaft überhaupt zusammenfallen. Der Dualismus zweier Welten ist aber dann verlassen und nur noch der zweier Methoden übrig geblieben. Will man nun nicht zur Metaphysik gelangen, vor der Rickert scheut, so schwebt jetzt die von der Natur als bloßer physikalischer Wahrheit losgelöste Geschichte in der Luft. Der Standpunkt der Immanenz muß deshalb beständig über sich hinausdrängen, weil auch die Erkenntnis nicht klar ist, daß alle Wirklichkeit nur als geltende vorhanden ist. Hält man nun an der Ablehnung der Metaphysik fest, so muß nicht nur ein Dualismus zweier Reiche, der Natur und des Wertes, sondern überhaupt eine rätselhafte Spannung zwischen seiner zeitlosen Geltung und der ihn zur Immanenz bringenden Wirklichkeit behauptet werden. Man übersieht, daß die Wirklichkeit nur als gesollte ist, daß sie ausschließlich in Geltungen besteht — bis auf den zwar gesetzten, aber doch von aller Setzung unabhängig gedachten Grenzbegriff des Gegenstandes überhaupt, der dem Menschen zugleich den letzten Stoff des Urteils vermittelt, eine Annahme, deren Notwendigkeit für uns aus unserer sinnlichen Natur und der von unserm Willen unabhängigen Veränderlichkeit der Wirklichkeit folgt. Lotzes Dualismus brachte für Rickert das Scheinproblem, die Einheit von Wert und Wirklichkeit herzustellen, eine Brücke zur Überwindung des Gegensatzes und ähnlich den Dichtern ein »drittes Reich« zu suchen[8].

Ehe wir hierauf eingehen, seien zwei Denker erwähnt, die zum Teil auf diese Problemstellung eingewirkt haben: Münsterberg und Husserl.

Münsterbergs Stärke besteht in der Kritik Rickerts. Er vollzieht den Übergang vom reinen Sollen zum reinen Wollen. Damit ist jede Spur des Fremden und im Kampfe mit der Neigung ungern Erfüllten getilgt — denn hieran und an die bloße Unendlichkeit der Wirksamkeit erinnert auch die autonome Wertsetzung des Sollens. Die Meinung des Objektivismus ist nun erlaubt, daß mit der Nomination des Wollens die eigentümlichste Wurzel und Wesenheit des Menschen selbst getroffen ist, daß vielleicht auch dieses Wollen die höchste Stufe einer im Transzendenten überhaupt vorhandenen Seinsqualität darstellt. Ferner hat Münsterberg Recht, wenn er Rickerts Methodendualismus bekämpft; das Ziel der Naturforschung ist nach ihm »die in Zusammenhang aufgefaßte einmalige Natur und somit das Einmalige, auch wenn es durch das Allgemeine erleuchtet wird. Das bejahte Ganze der naturwissenschaftlichen Urteile ist die wirkliche Natur in ihrer einmaligen Gegebenheit. Daraus folgt dann aber umgekehrt, daß die wahre Welt, die einzige Welt der Dinge, auf die sich unser Erkennen beziehen kann, auch wirklich alle die Eigenschaften hat, die der Allgemeinbegriff und das Gesetz in sie hineinverlegen mag«. An diesen Ausführungen ist richtig, daß die von den Naturwissenschaften gesuchten letzten Elemente der Natur, sei es das Atom oder die Energie, Realitäten sind und nicht nur, wie Rickert in Übereinstimmung mit Machs Empfindungsmonismus will, Fiktionen und Hilfsbegriffe. Hier begegnet sich Münsterberg mit den Anhängern des sog. kritischen Realismus, wie Freytag, Külpe, Becher u. a. Wie diese übersieht aber auch Münsterberg, daß jetzt das eigentliche philosophische Problem beginnt, nämlich das Verhältnis der Erkenntnis zur Gegenständlichkeit überhaupt zu erörtern und wenigstens das Problem zu stellen, ob vielleicht das Reale der Naturwissenschaften nicht seinem Sein, sondern seiner Beschaffenheit nach nur ein Gegenstand für uns ist. Eine solche Untersuchung kümmert Münsterberg nicht; ja noch bedauerlicher ist, daß ihm selbst die schönsten Früchte seiner naturwissenschaftlichen Logik aus der Hand gleiten. Denn statt seinen angeführten Gedanken zu verfolgen, der ihn von der Natur auf die Einmaligkeit alles Wirklichen und so auf den Begriff seiner Gesamtgeschichte geführt hätte, stellt er nun neben »die Welt der Dinge« die der »Erlebnisse«. Gegenstand wissenschaftlicher Betrachtung werden und Objektcharakter annehmen ist aber identisch. Es ist deshalb unzulässig, das »Wahrnehmungsartige« als Gegenstand der Naturwissenschaft völlig zu sondern von dem »Willensartigen« der historischen Wissenschaften. Der Wille wird in der wissenschaftlichen Betrachtung zum Wahrgenommenen, und die groteske Konsequenz Münsterbergs, der Geschichte Kausalbetrachtungen überhaupt zu verbieten, zeigt, daß er sogar das wichtigste Instrument der Wissenschaft, die Kategorie der Kausalität, aufgibt, um unter allen Umständen den »Idealismus« zu retten. Von diesem leider verfehlten Ausgangspunkte gelangt nun Münsterberg — und das ist wieder anzuerkennen — zu einer Metaphysik als Philosophie der Werte. Hier hat Rickert die alte Abneigung gegen eine »platonisierende Wertmetaphysik«, wie er mit einem aus Mißtrauen, Neid und Verachtung gemischten Blickpunkte sagt, bewahrt. Münsterbergs Werttafel enthält vielleicht das Tiefste, was die Erneuerung des Idealismus in der Gegenwart gebracht hat; und zwar folgt sie nicht sowohl Fichte, wie ihr Autor selbst meint, sondern wegen ihres Wollenscharakters Hegel. An ihn erinnert einmal die Scheidung der Lebenswerte von den Kulturwerten, weil hierdurch den durch bewußte Zielsetzung geschaffenen Werten jener Vorrang eingeräumt wird, den Hegel durch den noch vielfach zu erörternden Begriff des Selbstbewußtseins behauptet hat. Vor allem liegt eine starke Einlenkung in Hegels Deutung des Weltprozesses vor, wenn Münsterberg die metaphysischen Werte als die höchsten faßt, ja als eine »Selbstvollendung der Welt«. Doch gesteht er auf der andern Seite — und dies entspricht wieder dem Standpunkt Fichtes —, daß das letzte Absolute der Philosophie nur durch Einsetzen der gesamten Persönlichkeit als Überzeugungswert gewonnen werden kann. Das Resultat ist auch bei diesem Philosophen eine Zweiweltentheorie und dazu ein tiefsinniges Glaubensbekenntnis [4]). Münsterbergs Aufgabe wäre vielmehr die gewesen, zu zeigen, ob und wieweit der Nachweis wissenschaftlich geführt werden kann, daß die Realitäten alles Seienden zuletzt nach Analogie des reinen Willens gedeutet werden dürfen und im speziellen sich vielleicht im Reiche der Natur oder der Dinge als Strebungen oder irgendwie unbewußt Geistiges enthüllen. Die Folge ist die Unsicherheit, ob diese kritische Wertmetaphysik zum subjektiven oder objektiven Idealismus gerechnet werden muß.

Als den zweiten, der auf Rickert Einfluß gewonnen hat, erwähnten wir oben Husserl. Er spricht zwar von Hegel höchstens polemisch und will vielmehr an Bolzano anknüpfen. Und doch ist er ihm durch ein Zweifaches verwandt. Einmal durch den Gedanken einer reinen Logik überhaupt, die von aller praktischen Normbeziehung absieht und ihre Geltung soweit erstreckt, daß selbst jede Hypothese eines nicht an unsere Bedingungen gebundenen Denkens als Relativismus und Anthropologismus schroff abgewiesen wird. Es gibt keine, wie Husserl witzig sagt, »logische Übermenschen«. Aber diese reine Logik ist das Gegenteil der dialektischen Vernunftlogik Hegels, die zugleich Metaphysik ist, sie ist vielmehr ausschließlich formal. Der Zusammenhang besteht stärker nach anderer Richtung. Husserls phänomenologische Methode erinnert unmittelbar — zunächst dem Titel nach — an Hegels

»Phänomenologie des Geistes«. Die erste bezweckt »eine rein deskriptive Phänomenologie der Denk- und Erkenntniserlebnisse«; sie, die nur ja nicht Psychologie ist, dient ihr und der reinen Logik als Fundament[5]). Hegels Werk will die Stufen der Selbsterfahrung des Geistes auffinden, die aus dem oben angeführten Grunde psychologisch und historisch die gleichen sind. Man darf sich an einer Vergleichung nicht dadurch irre machen lassen, daß Husserl die Bezeichnung »Psychologie« für seine Untersuchung ablehnt; man kann, obwohl ich dies selbst für unzweckmäßig halte, an sich diesen heute so umstrittenen Terminus so weit fassen, daß auch die »Akterlebnisse« darunter fallen; und jedenfalls ist dies bei Hegel so gemeint. Weiter reicht jedoch die Beziehung nicht, als dieses Aufsuchen unmittelbar erlebter Bedeutungen als Eingangspforte zum System der Philosophie in sich einschließt. Denn die dialektische Methode bringt Hegel zu einer ganz anderen Ausführung des gleichen Planes, die ihm an Stelle des formalen Idealismus vor allem verstattet, den ganzen Reichtum der seelischen Inhaltlichkeit mit hineinzunehmen.

Wir kehren zu Rickert zurück. Es ist nun klar, daß seine Scheidung zwischen Transzendentalpsychologie und Transzendentallogik Hegels Trennung der Phänomenologie und und Logik analog ist. »Ein ganz klein wenig Transzendentalpsychologie«, meint er, »treibt auch die reine Logik«; die Aufgabe des ersten Weges der Erkenntnistheorie ist der Nachweis des erlebten Evidenzgefühles, während der zweite rein logische Weg seine Verzweigungen als System der Werte begründet. Er gibt nun Husserl zu, daß normative Disziplinen ein theoretisches Fundament brauchen, behauptet aber, »daß die Frage, ob das Logische im ‚idealen Sein' oder im Normativen zu suchen ist, auf einer falschen Alternative beruht. Es gibt noch etwas Drittes: den theoretischen in sich ruhenden Wert«. So bleibt die Wertwissenschaft das Fundament der Normen. Es mag Rickert gerne zugegeben werden, daß es eine Frage von untergeordneter Bedeutung ist, ob der Gegenstand der Erkenntnis ein transzendentes Sollen oder ein transzendenter Wert genannt wird. Von der größten Bedeutung ist dagegen dem Philosophen das sehr schwer empfundene Bedürfnis, die Einheit von Wert und Wirklichkeit herzustellen. Man sieht jetzt: dieses Scheinproblem entstand nicht nur unter dem Einfluß Lotzes, sondern ebenso unter dem des Dualismus von Münsterberg und vor allem unter dem Eindruck von Husserls formalem Idealismus. Rickert übersah, daß man gewiß über die formale Möglichkeit der Bedeutungen wieder selbständig spekulieren muß, daß dies aber den Bedeutungscharakter des Gesamtgegenstandes selbst nicht aufhebt. Anderseits ist Rickert einer Wertmetaphysik deshalb feindlich, weil sie die Einheit in ein Reich jenseits der Erfahrung verlegt. Dieser Einwand ist jedoch nicht zwingend, da von einer Einschränkung der Erkenntnis auf die Erfahrung bisher nicht die Rede war; außerdem liegt hierin eine Verkennung des früher dargelegten tiefsinnigen Monismusgedankens. Treffender scheint die Polemik, daß man mit einem solchen Standpunkt zur konsequenten Mystik, zum Unaussagbaren gelangt; m. a. W. der objektive Idealismus — und dies hat ja Münsterberg schließlich zugestanden — ist keine Wissenschaft. Was nun aber Rickert positiv als »drittes Reich« bietet, muß notwendig gar zu dürftig ausfallen. Er nennt es »die Deutung des Sinnes«. Wir sollen auf den Prozeß des Zusammenwachsens von Wert und Wirklichkeit die Aufmerksamkeit richten; das letzte Wort bleibt das »Akterlebnis«, die Unmittelbarkeit und Ursprünglichkeit der Stellungnahme zum Werte, die die Einheit von Wert und Wertung verbürgt. An der Unfruchtbarkeit dieses Resultates muß Rickerts so geistvoll aufgebaute Theorie scheitern; denn es ist klar, daß man im Ergebnis, statt vorwärts gekommen zu sein, auf den Standpunkt der Transzendentalpsychologie zurückgefallen ist[6].

Es ist jedoch in der sachlichen Konsequenz naheliegend, an Stelle dieses Resultates die bei Hegel vorhandene Analogie zu benutzen und statt zur Psychologie zur Geschichte zu gelangen. Da Hegel unter Psychologie im fertigen System etwas anderes versteht als in der Phänomenologie, so daß deshalb hier jene Parallele ausfällt, so erhält man dadurch den Anschein, »die Erneuerung des Hegelianismus« befürwortet zu haben. Auf diese Weise erklärt sich der Standpunkt, den Windelband in seiner jüngst gehaltenen gleichnamigen Festrede einnimmt. Hiernach sollen die Prinzipien des Kulturlebens, die »sachlichen Selbstverständlichen«, die apriorische Geltung besitzen, mittels ihrer Entfaltung in der Geschichte aufgewiesen werden. »Ihre unmittelbare Evidenz in ihrer immanenten sachlichen Selbstbegründung für das empirische Bewußtsein zur tatsächlichen Geltung zu bringen, ist das ganze Geschäft der Philosophie.« Windelband gesteht zwar, daß das religiöse Bewußtsein den Zusammenhang aller Inhalte, denen das Gelten zukommt, im Sinne einer metaphysischen Realität denken muß; hier will er jedoch eine kritische Grenze ziehen, obwohl ihm selbst einmal der inkonsequente Satz entschlüpft, die Menschen hätten als geschichtliche Wesen Anteil an der Weltvernunft[7]. Auch hier wird durch die garnicht geprüfte Begrenzung der Erkenntnis auf die Erfahrung das vornehmste Problem der Philosophie, das Verhältnis der Erkenntnis zum Gegenstande, außerachtgelassen, die antimetaphysische Tendenz bleibt unverständlich. Ferner wird hier gleichfalls wie bei Rickerts »Umformung« der Wirklichkeit die Tatsache mitsamt ihren Konsequenzen für die Weltanschauung verdunkelt, daß nämlich dieser subjektive »kritische« Idealismus Agnostizismus bleibt oder wenigstens über das wirkliche Transzendenzproblem allzu wenig aussagt. Jene apriorischen Funktionen schweben so in der Luft, wenn dieser bildliche Ausdruck gestattet ist, da es sich doch um ein ganz anderes »Sein« handeln würde; und gar sehr dürftig erscheint die Aufgabe der Philosophie. Ja, erhalten wir nicht einen Zirkel, wenn uns die Geschichte auf die Entdeckung der Vernunft führen soll? Ist sie doch für den Philosophen das große Unbekannte, dessen Voraussetzungen er kennen muß, um — wenigstens unter philosophischen Gesichtspunkten — die Geschichte zu verstehen. Windelbands Ausführungen bewegen sich auf einer unhaltbaren Mittellinie, sowohl die frühere Auffassung Rickerts von einem fertigen System der Werte beizubehalten als auch nach der neuen Meinung die Werte allein durch ihren Prozeß, die Geschichte, zu finden. Es bleibt hier nur übrig, entweder den Verstandesstandpunkt einer von ihrer Entstehung völlig unabhängigen Wahrheit zu behaupten oder mit Hegel System und Geschichte zu identifizieren, d. h. zugleich die dialektische Methode anzunehmen. Sie lehnt aber Windelband ab, weil sie mit der metaphysischen Hypostasierung der Ideen zusammenhänge, als ob Hegels Wertung der Geschichte nicht aus seiner Metaphysik folgte! Wie sich die Geschichte zur Natur verhält, diese wichtige Frage wird nicht einmal aufgeworfen. Und schließlich tut Windelband gerade als Hegelianer Unrecht, einen so starken Gegensatz zu Fries zu konstruieren und Geschichte und Psychologie so wesensverschieden zu fassen. Denn wenn er sicher recht hat, daß die Psychologie als Naturwissenschaft nicht imstande ist, Vernunftwerte zu begründen, so fragt es sich, ob nicht eine andere von Fries vielleicht im Auge gehabte Psychologie möglich ist, die zugleich der in der »Phänomenologie des Geistes« enthaltenen Auffassung entspricht und sich von ihr nur dadurch unterscheidet, daß dieser Standpunkt in den Erlebniswahrheiten der Psyche zugleich eine abgekürzte Geschichte sieht.

Croce bejaht in seinem Buche: Lebendiges und Totes in Hegels Philosophie das Prinzip der dialektischen Methode, insofern es die Synthese der Gegensätze bedeute, insbesondere das Werden als die Identität des Sein und Nichts erkläre. Scharf wird jedoch Hegel getadelt, daß er die Dialektik der Gegensätze mit der Verknüpfung der Unterschiede verwechselt und deshalb die Irrtümer in Stufen philosophischer Wahrheiten wie die besonderen Begriffe in philosophische Irrtümer verwandelt habe, ferner daß er das Individuelle und Empirische apriori ableiten wolle. Wenn Croce soweit geht zu sagen, es schiene manchmal, als ob Hegel nicht mehr ganz bei Verstande gewesen sei[8], so sieht man, daß seine schroffe Ablehnung durchaus inadäquat ist: denn die Dialektik findet ihren Platz in der Vernunft. Obwohl gar nicht bestritten werden soll, daß in der Polemik richtige Argumente vorgebracht sind, so übersieht doch Croce, daß er die ganzen Bedingungen zu Hegels Aufbau stützt; und was dann als Hegelianismus übrig bleibt, ist hauptsächlich deshalb so wenig, weil über die andere Behauptung, das Absolute sei Geist, gar nichts gesagt wird, und daher nicht einmal das Substratum mit der Dialektik verbunden ist.

Bei dem merkwürdigen Zögern und den Unklarheiten dieses »gemäßigten« Neuhegelianismus berührt es wohltuend, einen »orthodoxen« Hegelianer zu hören, d. h. einen Denker, der die innerliche Verbundenheit des ganzen Systems sieht und es in genauer Abtrennung vom subjektiven Idealismus als Ganzes akzeptiert. In seiner kleinen, aber gedankentiefen Schrift: Relativer und absoluter Idealismus sagt Julius Ebbinghaus, das apriori des endlichen Kantianismus müsse doch irgendwo sein, und da man es abstrakt nehme, ihm seine absolute Identität mit dem Konkreten verweigere, so sei es für sich im Sinne einer schlechten Metaphysik. Kants wichtigster Gesichtspunkt ist nach Ebbinghaus nicht die Einheit, sondern die Synthesis, die Vereinigung des absolut Getrennten. »Die ganz richtige Meinung Kants, die Erscheinung sei nur Erscheinung, d. h. sie sei ein anderes als das Absolute, sie sei eine ewig in sich unbefriedigte, irrationale, weil unvollendete Synthesis, kann nur dadurch Wahrheit sein, daß dies negative Verhalten zum Absoluten, d. h. zum Sein, zur Ruhe, zum Bestehen an ihr selbst zum Vorschein kommt[9].« Ebbinghaus' Beweisführung ist mit Recht dialektisch; seine Argumente fallen mit denen Hegels zusammen, so daß wir sie einheitlich prüfen können.

Drittes Kapitel.
Die Ablehnung des absoluten Idealismus.

Am Schlusse des ersten Kapitels stellten wir die Frage, ob die Philosophie Hegels Wissenschaft sein könnte. Die Antwort hierauf erhalten wir schnell und klar auf folgende Weise. Jede Verständigung setzt voraus, daß die Streitenden auf einem bestimmten gemeinsamen Boden verharren; dies betrifft zuletzt die allgemeinen formalen Kriterien der Wahrheit, z. B. daß etwas nicht zugleich wahr und falsch sein kann, wie der Satz des Widerspruchs aussagt. Der Normallogiker aber und der Dialektiker gleichen in ihrer Polemik solchen, die auf verschiedenen Ebenen fechten, deren Waffen sich deshalb nie treffen können. Die Vernunftlogik kann nicht durch die Verstandeslogik gerechtfertigt werden, da sie ja deren Geltung gerade bestreitet: also muß die Dialektik auf sich selbst ruhen. Daraus folgt ohne weiteres der wichtige Satz: Das System Hegels ist weder beweisbar noch widerlegbar.

Daß der Hegelianer diesen Schluß nicht gelten lassen wird, ist zweifellos; denn er wird behaupten, daß seine Waffe die des Gegners deshalb überwinde, weil in seiner auch das feindliche Kampfmittel enthalten sei. Dieses Argument zeigt nur, daß es niemals möglich ist, den absoluten Idealisten zu widerlegen und dem Schicksal, als aufgehobenes Moment zu figurieren, zu entgehen. Es beweist nichts, weil die Geltung des Arguments die dialektische Methode voraussetzt, die es doch, soll überhaupt eine Diskussion stattfinden, erst zu beweisen gilt.

Ein doppeltes bleibt aber natürlich auch für den Nichthegelianer von Bedeutung, nämlich einmal die Motive aufzudecken, die über die Normallogik hinausführen, und im engsten sachlichen Zusammenhang hiermit die Untersuchung darüber zu führen, ob denn die auf sich selbst beruhende Gegründetheit der Dialektik durchgeführt worden ist.

Bezüglich des ersten Problems stehen wir nicht an zu erklären, daß uns Hegel durch seine Kritik Kants vor ein neues von ihm erst entdecktes Problem gestellt hat, das um den Sinn des Selbstbewußtseins kreist. Übersetzen wir seine Kritik des Kantischen Ding-an-sich in die Sprache des Verstandes, so sagt er uns folgendes.

Das Ding-an-sich ist deswegen ein Gegenstand so gut und schlecht wie alle andern, weil unter dem Gesichtspunkt der Vorstellung der Vorstellungen — und dies ist eben die Funktion des Selbstbewußtseins — die Realität des Ding-an-sich nur im Vorgestellt-werden besteht. Kants Frage war: wie ist als Erfahrung als Inbegriff allgemeingültiger und notwendiger Urteile möglich? Hegels Frage ist nun, nachdem der subjektive Idealismus gesprochen hat, diese: was bedeutet dieses Faktum des Urteilsvermögens selbst, welchen Seins-Charakter hat das Wissen überhaupt, das dem System der Wissenschaften vorangeht und sie vielleicht umfaßt? Von dieser Fragestellung erklärt sich nun leicht die Fortbildung zur Dialektik: das reine Ich begreift alle Gegenstände unter sich und ist in notwendigen Vernunfthandlungen selbst das Absolute. Da nun alle Gegenstände einen gemeinsamen Ort haben, in dem sie aufeinander bezogen sind, kann dieses Enthaltensein zu einer rational-synthetischen Ableitung führen, die jedoch in Wahrheit durch die Gemeinsamkeit der Subsumtion, daher analytisch, geschieht; und ein letzter Schritt ist dann, die Wahrheit ausschließlich als Prozeß zu fassen und das Ich in der Abfolge der kategorialen Stufen aufgehen zu lassen. Der Standpunkt des absoluten Idealismus ist erreicht: alle Gegensätzlichkeiten und Verschiedenheiten überhaupt sind, weil durch das reine

Ich verbunden, zugleich identisch und bilden, da sie als gedachte Denkwirklichkeiten sind, das System begrifflicher Selbstbewegung des Absoluten.

Unser Gedankengang, der auch den Kern der Ausführungen von Ebbinghaus bildet, erscheint so zwingend, daß wir Mühe haben, dem oben aufgezeigten Einwand der Unbeweisbarkeit treu zu bleiben. Und in der Tat: Hegel kann recht haben, wenn es nämlich wahr ist, daß das Ding-an-sich seinem Begriffe nach nichts als Gedankending ist. Dann nämlich fragt es sich nur, ob wir mit unsern Denkmitteln genügend ausgestattet sind, die Abfolge der Begriffe wirklich zu finden, ein Unternehmen, das Hegel durch die Dialektik erreicht zu haben glaubte. Es lohnt dann sicherlich den Versuch, den ja der Urheber in so umfassender und großartiger Weise gemacht hat, und Ausstellungen würden dann nur noch Einzelheiten, nicht mehr die prinzipielle Möglichkeit des Systems betreffen.

Der Fehler Hegels liegt in der Kritik des Ding-an-sich-Begriffs. Denn es ist falsch, daß deswegen, weil der Gegenstand gedacht ist, er Gedankending und nichts anderes sein müsse. Es ist durchaus möglich, von einem Gegenstand zunächst nur seine Tatsächlichkeit zu behaupten und ihn als einen — vorläufig wenigstens — völlig unbekannten und fremden Träger der Erscheinungen zu behaupten. Kant selbst eröffnet ja an mehreren Stellen der »Kritik der reinen Vernunft« die Möglichkeit, daß, da die Materie nur Erscheinung sei, ihr An-sich dem Geiste analog sein könnte. Dieser Standpunkt ist durchaus statthaft, und da wir Wissenschaft bezwecken, ist diese letztere Hypothese, wofern sie nicht aus andern Gründen gestützt wird, abzulehnen. Freilich steckt in dem ganzen Argument ein durchaus richtiger Kern; er betrifft die Kritik des Phänomenalismus, der deswegen ein Selbstwiderspruch ist, weil er nichts als Erscheinungen erkennen will und doch ihren Träger als ein vom Subjekt unabhängiges, aber schlechthin unerkennbares Reale behauptet.

Wenn das Wissen in keiner Beziehung über die Phänomene hinauslangt, so fällt allerdings nach der Konsequenz des Gedankens das Ding-an-sich in die bloßen Vorstellungen hinein, da ja, der Voraussetzung nach, von ihm garnichts, also auch nicht seine Existenz ausgesagt werden darf. Es ist demnach möglich, falls wir nur durch reines Denken genügend ausgerüstet sind, die von Kant gezogene »kritische« Grenze zu überschreiten. Aber es ist nicht wahr, daß das Ding-an-sich seine Beschaffenheit aus der Tatsache des bloßen Gedachtwerdens ableiten lassen könnte. Es sei Ebbinghaus durchaus zuzugeben, daß das Weltbild nach dem bisherigen Resultat, die immanente Erscheinung mitsamt ihrem Apriori auf der einen, der transzendente Gegenstand auf der andern Seite, einen »perennierenden Dualismus« darstellt und meinethalben auch eine Metaphysik im schlechten Sinne, d. h. mit einem Intellekt und Gemüt wenig befriedigenden Abschluß behaftet[1]). Nur ist aus dieser Tatsache noch kein Grund zu entnehmen, der die hier vielleicht vorhandene Grenze des Erkennens zu überschreiten gestattete.

Man wird vielleicht bestreiten, daß Hegel die Identität des Wirklichen als Vernunft in der eben behaupteten Weise durch die Kritik des Ding-an-sich-Begriffs gewonnen hat. Es ist dies noch kurz zu begründen. Die für die »Phänomenologie« und — nach dem früher Gesagten — auch für das System entscheidende Stelle sehe ich in dem Übergang vom »unglücklichen Bewußtsein« zur »Vernunft«. Hiernach ist der aus dem Skeptizismus herausgeborene Gegensatz zwischen der Einzelheit und dem unwandelbar Allgemeinen (dem von aller Subjektivität Unveränderlichen), dieser Widerspruch, an dem das unglückliche Bewußtsein leidet, deswegen zur Versöhnung gelangt, weil die Einzelheit in ihrer vollständigen Entwicklung ihr Fürsich-sein aus sich hinausgerungen und zum Sein gemacht hat und deshalb mit dem Allgemeinen eins geworden ist. Die Mitte, in der sie sich treffen, ist »die beide unmittelbar wissende und sie beziehende Einheit, und das Bewußtsein ihrer Einheit, welche sie dem Bewußtsein und damit sich selbst ausspricht, die Gewißheit, alle Wahrheit zu sein«[2]). Gibt der Hegelianer unsere Interpretation dieses Schlusses zu, so wird er freilich von neuem entgegnen, daß ja nun erst, wie Hegel zeige, der Eroberungszug der Vernunft angetreten werde, daß so erst durch die siegreich durchgeführte dialektische Induktion des Folgenden die an sich vorhandene Identität zum Fürsich erhoben und dadurch bewiesen werde, bei welcher Gelegenheit denn auch die Abstraktheit der Kantischen Vernunft und die Fremdheit des Ding-an-sich ihre Stelle finde. Dieser Einwand trifft jedoch ersichtlich deshalb nicht, weil er die Gültigkeit der dialektischen Methode voraussetzt; denn für jeden Nicht-Dialektiker ist es selbstverständlich, daß man, um durch Aufzählung einzelner Stufen die Identität von Natur und Vernunft zu beweisen, diese Wesenseinheit voraussetzen muß; denn wie könnte dergleichen durch Induktion und Erfahrung mit Notwendigkeit dargetan werden? Kann sie doch nur »komperative Allgemeinheit« vermitteln. Ein Beweis des objektiven Idealismus kann hieraus nicht entnommen werden.

Wir kommen vielmehr zu dem Ausgangspunkt der letzten Fragestellung zurück: das System Hegels muß auf sich selbst ruhen. Nur soviel kann gesagt werden, daß diese »Vernunft« auf einer Rationalisierung der intellektuellen Anschauung beruht, daß auch ihr das reine Denken nicht genügt, sondern daß sie beständig von der Anschauung und dem Material der Erfahrung zehrt. Ein Hegelianer wird dies freilich als Verdienst ansehen und behaupten, Hegel sei deshalb auch den Motiven des Empirismus gerecht geworden. Aber die Hilfeleistung der Erfahrung muß der absolute Idealismus verschmähen, denn das System des Seienden muß sich hiernach deshalb apriori ableiten lassen, weil ja Denken und Sein identisch sind und außerdem in der Dialektik das alle Begriffe, also alle Wirklichkeit verknüpfende Band gefunden ist[3]). Man hat freilich kein Recht, die Beschränktheit unserer Denkmittel gegenüber dem Dialektiker selbst auszuspielen; denn er hat in seiner Methode eine Waffe in der Hand, die ihn über alle Gegensätze hinausführt und einen Einwand der eben gemachten Art abwehren läßt, weil er die Tiefen seines Standpunktes nicht treffe. Auch jetzt bleibt die Unwiderlegbarkeit des Systems bestehen. Daß es sich selbst voraussetzt, beweist auch der schon von Haym hervorgehobene[4]) Umstand, daß die »Phänomenologie« Einleitung in das System sein will und doch zugleich System selbst ist. Hegel sieht nicht, daß gerade das Zusehen, zu dem er uns hier auffordert, das Problem selbst ist, dessen Lösung so vorausgesetzt wird.

Es ist jedoch im Grunde recht unfruchtbar, die Dialektik vor den Richterstuhl der Normallogik zu ziehen; denn es versteht sich von selbst, daß wir ihr alsdann mit Leichtigkeit Fehler nachweisen können, weil sie ja mit Absicht sich über die Ansprüche des Verstandes hinwegsetzt. Dennoch ist auch dieses Unternehmen von Bedeutung, wofern man nur nicht die Dialektik widerlegen will; vor allem gewinnen wir so die kritische Möglichkeit, zu eigenen positiven Ansichten und Wertungen des Idealismus zu gelangen. Das hier zu Sagende sei kurz angedeutet.

Das erste ist die Verständigung über die Natur des Begriffs. Indem wir nach einem Grundgedanken des transzendentalen Idealismus Erkennen und Urteilen identifizieren, werden die Begriffe zu Inbegriffen, zu Gesamtresultaten der Urteile; sie stehen nicht am Ausgangspunkt, sondern am Endpunkt der Untersuchung. Der Begriff ist das Correlatum des Gegenstandes, er hat reale Bedeutung, weil dieser real ist, und läßt die Fremdheit des durch den Begriff nicht erfaßten Substratum des Gegenstandes offen. Damit ist der Konflikt versöhnt, ob die logischen Formen Inhaltsbestimmungen des Wirklichen werden können oder nicht; der platonisch-aristotelische Begriffsrealismus abgelehnt und doch die Bedeutung des Begriffs bewahrt[5]). Aber wir haben kein Recht, von einer Selbstbewegung des Begriffs zu sprechen. Eine spezielle Kritik ergibt sich aus der sowohl analytisch als synthetisch sein wollenden Dialektik selbst. Man erkennt hier die Beziehung zu der überlieferten Urteilstafel, nach deren Analogie ja die von Hegel transzendent gedeutete transzendentale Logik Kants gebildet worden ist. Denn die dort vorhandene Koordination des bejahenden, verneinenden und unendlichen Urteils hat allein die Gleichstellung der Realität, Negation und Limitation ermöglicht. So entsteht der alte Gedanke einer Stufenreihe des Wirklichkeitswertes von neuem; in einem Begriffe sollen der Anlage nach alle andern enthalten sein. Nun sind wohl verschiedene Wirklichkeiten denkbar als für verschieden vorstellende Wesen vorhanden, nicht aber verschiedene Stufen des Wirklichkeitsgrades. Seit Sigwart besonders ist die Logik von der altüberlieferten Gleichstellung der Bejahung und Verneinung abgekommen, und wie sich der Hegelianer mit seinem metaphysischen Prinzip durchschlagen muß, beweist die Tatsache, daß er aus der Anschauung einen nächst verwandten Begriff aufnimmt und ihn, der in Wirklichkeit konträr oder unbestimmt verschieden ist, als den kontradiktorischen des bisherigen behandelt, um so die unbestimmte Negation in ein bestimmtes Positives zu verwandeln. Wo Hegel auf dieses prinzipielle Verhältnis zu sprechen kommt, pflegt er nur zu behaupten[6]; und doch ist die bloße Induktion als Beweis unzulänglich. Dieser schon von Trendelenburg und Barth gemachte[7] Einwand ist unwiderleglich, soweit der Verstand spricht; für das logische Übermenschentum Hegels ist er, was die genannten Denker übersahen, ein Stoß in die Luft.

An diese prinzipielle Unfruchtbarkeit sollte man sich erinnern, wenn man der gewiß interessanten Frage näher tritt, ob denn die von Hegel behaupteten Widersprüche existieren. Hier hat sich besonders Ed. v. Hartmann in seiner Abhandlung über »die dialektische Methode« große Mühe gegeben, zu zeigen, daß Hegel sechs Schleichwege benutze und den Widerspruch nur deshalb allenthalben antreffe, weil er ihn zuvor begangen habe[8]. Einfacher als Hartmann kann man so argumentieren: Da die Totalität des Seienden, die im Absoluten gedacht wird, dem Umfang des Begriffs nach das Höchste und Reichste ist, so muß der real gedachte Inhalt in allen seinen Stufen Widersprüche aufweisen, da Verschiedenheiten zugleich gesetzt sind. Wenn z. B. Subjekt und Prädikat im Urteil eine bestimmte Inhaltsgleichheit haben, so wird daraus gemacht, daß sie gleich und verschieden, widerspruchsvoll und wahr sind. In der Natur- und Geistesphilosophie wird dann anders der Widerspruch als ein leicht aufzeigbarer Mangel der modernen Stufe eingeführt und daraus die Notwendigkeit des Neuen abgeleitet. Immer aber wird der Normallogiker sich weigern, deswegen, weil er Gegenstände durch sein Denken aufeinanderbezieht, ihnen mit ihrer Verschiedenheit zugleich Identität zuzuweisen, da er die Voraussetzung nicht anerkennt, daß der Gegenstand nichts als Gedanke ist. Aber es ist wirklich zwecklos, sich in eine tiefere Polemik mit dem Dialektiker einzulassen, da man sich doch nicht verstehen wird. Weshalb soll man z. B. zeigen, daß der berühmte Anfang von Hegels Logik, die das absolute Sein und Nichts zufolge ihrer Bestimmungslosigkeit gleichsetzt und daraus das Werden gewinnt, einen Fehlschluß gegen die zweite syllogistische Figur darstellt? Wird doch gerade die Geltung dieser Schlußweise geleugnet. So können Hegels Argumente höchstens dazu dienen, den »negativ-vernünftigen«, den skeptischen Standpunkt zu stützen und das Problem der fälschlich überall als Widerspruch gefundenen logisch-realen Gegensätze zu vertiefen.

Nur eine Frage verlangt noch in diesem kritischen Teil der Untersuchung beantwortet zu werden, nämlich die, ob nicht auch unsere Kritik von Hegels Kritik des Ding-an-sich-Begriffs eine unwiderlegbare Position trifft. So sicher der Hegelianer dies behaupten wird, so bereitwillig wir dies bisher zugaben, an diesem einen Punkte zeigt sich doch die Achillesferse, die einzige wirklich verwundbare Stelle des Systems. Während nämlich alle Bestimmungen im reinen Ich oder Gott auseinander ableitbar sein mögen durch und in einem Prozeß, der allein ihre Wahrheit ausmacht, so kann dies doch für den

Gesamtzusammenhang der Kategorien, der mit dem Absoluten eins ist, nicht gelten. Daß das Absolute Geist ist, diese Behauptung, die freilich durch einen Prozeß gewonnen ist, dessen Zirkel nur der Nicht-Hegelianer als Gegengrund nehmen kann, diese Behauptung darf nunmehr, da sie gefunden ist, nicht mehr beschränkt bleiben auf die relative Wahrheit aller übrigen Bestimmungen. Sie, die das Ganze trägt, muß wirklich absolut gelten und frei sein von allen Schlacken der Herkunft, soll nicht das System des absoluten Idealismus selbst vergänglich sein und aufgehobenes Moment werden, das Schicksal also teilen, das es allen übrigen zugesprochen hatte. Indem aber ein solcher Charakter der dialektischen Methode widerstreitet, tritt ein Dualismus zwischen System und Methode oder besser, da beides untrennbar ist wie Inhalt und Form, ein Selbstwiderspruch innerhalb der Vernunft auf, der das System Hegels als den auch wohl von den Anhängern als nicht mehr vernünftig beanspruchbaren Versuch des absoluten Relativismus charakterisiert. Dieser Konflikt ist historisch dagewesen als Spaltung der Hegelschen Schule, und der Historismus und Relativismus, der lange geherrscht hat und z. T. noch herrscht, war nicht nur eine feindliche Reaktion gegen die Spekulation, er war auch die folgerichtige Weiterbildung der Philosophie des Meisters selbst. Hüten wir uns deshalb auch dieses Schicksal im Kreislauf der Dinge von neuem zu erfahren, und halten wir uns besser an Kants »dogmatische« Scheidung der quaestio facti und quaestio iuris! Die den gleichen Notwendigkeiten entsprungene Spaltung des Marxismus, dieses materialistisch gewandten Hegelianismus mag uns gleichfalls eine Warnung sein [9]. Doch sei selbst jetzt noch betont: sollte der Hegelianer auch in diesem Selbstwiderspruch des absoluten Relativismus einen Triumph seiner Methode sehen, so bleibt alsdann die Unwiderlegbarkeit des Systems bestehen. Und auch dem andern Einwand wird er wohl entgehen, was denn die Weltgeschichte noch zu tun hätte, wenn Substanz und Selbstbewußtsein versöhnt seien? Er wird mit einer Antwort auf diese Frage zugleich dem Historismus zu entrinnen hoffen, indem er behauptet, daß das System in sehr vielen Einzelheiten zu korrigieren sei, daß immer neue Einzelprobleme dem System einzuordnen seien, die stets eine neue Stufe des Selbstbewußtseins herbeiführen würden. Die Korrektur in Einzelheiten beweist nichts für und nichts gegen das System. Was aber das zweite anlangt, so erhält man auf diese Weise einen unendlichen Regressus; denn man kann von jedem Selbstbewußtsein wieder eine höhere Stufe ableiten, die ein Bewußtsein dieses Selbstbewußtseins ist usw. Hiervon ist niemand befriedigt, der Nichthegelianer nicht, weil er hierin eine unfruchtbare Spielerei sehen würde, der Hegelianer nicht, weil ihm die Möglichkeit eines unendlichen Regressus das Ziel raubt, das er im Unterschiede zu Fichte durchaus erreichen will.

Und dennoch. In Hegels System steckt soviel Gedankentiefe, daß es möglich sein muß, seinen Wahrheitsgehalt frei von historischen Begrenzungen herauszuschälen. Freilich erscheint dies fast unmöglich bei einem so geschlossenen Gedankenbau, den man als Ganzes ablehnt, wenn man anderseits nicht den Halbheiten des »Neuidealismus« verfallen will.

Viertes Kapitel.
Der Wahrheitsgehalt des absoluten Idealismus.

Die positive Bedeutung Hegels für die Gegenwart besteht darin, daß wir den Geist seines Systems uns aneignen.

Mehr formal-methodischer Art ist der erste Gewinn, daß wir aus der in der scharfen Entgegensetzung besonderer Organe allerdings willkürlichen Trennung von Verstand und Vernunft die Abneigung gegen die ärmlichen und nur verständigen Menschen lernen, die das Unendliche mit dem Maßstab kleiner Endlichkeit messen und meistern wollen. Schon wichtig genug ist nach dieser Richtung die Erneuerung des Hegelianismus, daß wir ebenso sehr das Dunkle und Fragwürdige des Wirklichen einsehen als der Allgemeingültigkeit des Denkens gerecht werden. Unsere Aufgabe ist heute, die richtige Mitte zwischen Empirismus und Mystizismus zu finden. Der sachlichen Notwendigkeit einer solchen Weltanschauung soll der folgende Versuch dienen.

§ 1. Die Grundlegung der Philosophie im Problem des Transzendentalen.

Kant hat die Behauptung endgültig gesichert, daß alle Erkenntnis mit Erfahrung anhebt, doch ohne deshalb nur aus Erfahrung zu stammen. Während für ihn aber Erfahrung gleich Naturerfahrung war, so daß seine Kritik an der mathematischen Naturwissenschaft Newtons allein orientiert ist, hat Hegel mit Recht das Prinzip der Selbsterfahrung vorangestellt, d. h. den Umfang alles dessen, was überhaupt in das Bewußtsein hineinfallen kann. Hier ist aber das Wissen von der Natur nur ein Teil der Wissenschaft, zu dem die Geschichte hinzutritt. Welche Konsequenzen es hat, daß in dieser Geschichte durch das philosophische Bewußtsein die Phänomenologie selbst erfahren wird, soll uns erst später beschäftigen wie auch der Umstand, daß allein im Selbstbewußtsein die sonst getrennten Welten des Transzendenten und Empirischen zusammen sind. Durch die Selbsterfahrung stelle ich das Apriori der Erfahrung fest, d. h. die die Erfahrung zum notwendigen System konstituierenden Ideen: die Werte der Logik, Ethik, Ästhetik und Religion. Am zweckmäßigsten trennen wir diese Lehre von jeder wie auch gearteten »naturwissenschaftlichen« oder »historischen« Psychologie ab als Lehre von den sachliche Evidenz konstituierenden Wollungen. Diese Wertsphäre ergibt sich nach dem Grundsatz, daß strenge Notwendigkeit und Allgemeingültigkeit niemals aus Erfahrung stammen kann. Daß es diese überhaupt gibt und daß kein Zirkel begangen wird, ergibt sich auf unserm Standpunkt daraus, daß das Wahre nur im Selbstwiderspruch geleugnet werden kann. Wer freilich den Fehlschluß nicht anerkennt, der in der Behauptung liegt, es gebe keine Wahrheit, kann nicht überzeugt werden; insofern ist auch das Apriori der sachlichen Evidenz nur aufzeigbar. Im logischen Geltungsanspruch steckt nun jenes Gefordertwerden, das Sollen, von dem Rickert spricht. Ganz richtig, nur daß deshalb der Gegenstand nicht nur Sollen ist. Es ist der gleiche Anspruch, der die letzte Voraussetzung des sittlichen Verhaltens bildet, der die Allgemeingültigkeit des ästhetischen Urteils konstituiert, während der religiöse Wert ersichtlich über die Bedingungen der Erfahrung hinaus in das metaphysische Sein zielt. Das reine Sollen, das zu allen diesen Werten das Allgemeine bildet, scheint mir deswegen dem sittlichen Sollen am nächsten zu stehen, weil allein hierin jede Befreiung von einer Materie eingetreten ist. In diesem Sinne ist die Sittlichkeit die Urtatsache. Doch kann man meines Erachtens nicht direkt in der logischen Norm selbst eine sittliche finden, wie man dies so oft gemeint hat[1]); es bleibt ein Irrationales, das die Allgemeingültigkeit nur nach Analogie erschließen läßt. Das in allen Werten vorhandene Sollen haben wir früher nach Münsterbergs Vorgang in das reine Wollen umgedacht, weil wir in den überempirischen Bestimmungen unserer Existenz unsere eigentliche im Willen vorhandene Wirklichkeit und Wesenheit erkannt haben. Da der Ausgangspunkt die Unaufhebbarkeit der logischen Norm ist, so ist der Beweisgrund der transzendentalen Wertsphäre zuletzt der Satz vom Widerspruch. Er ist — im vollsten Gegensatz zu Hegel also — das letzte formale Apriori aller Wissenschaft; er bildet mit seinem reziproken Gegenstück, dem Satz der Identität, die letzte Form aller Geltung, den Grundstock der reinen Logik, die die reine Mathematik, die Lehre von den formalen Beziehungen als solchen, in sich schließt; sie unterscheidet sich von Husserls Logik, soweit das Prinzip in Frage steht, nur durch den vergeblich vorgeworfenen »anthropologischen« Charakter, d. h. durch das Zugeständnis eines nicht an unsere Bedingungen gebundenen Denkens.

Im engsten Zusammenhang mit dieser Logik, nur aus ihr selbst begreifbar, steht die genannte Phänomenologie, die freilich nicht allein vom logischen Erlebnis handelt und, insofern es sich um die Auffindung der letzten allgemeinsten und formalen Bedeutungsmöglichkeiten handelt, auch Transzendentalpsychologie genannt werden darf[2]).

Es führt dies sofort auf das Kategorienproblem. Kant hat, wie aus der bisherigen Kritik folgt, jene transzendentale Sphäre, die die formalen Geltungen, die sachliche Evidenz konstituierenden Wollungen ausmacht, geradezu übersehen, so daß wir in den überempirischen Werten bisher jene Notwendigkeit antrafen, die er von den Kategorien, den nach Analogie der Urteilstafel gewonnenen Stammbegriffen oder Konstituanten der Erfahrung, behauptete; sie allein bilden nach Kant die transzendentale Logik. Dieses Problem der kategorialen Denkformen ist bisher noch nicht erörtert worden; der Zusammenhang kann wie so manches andere an dieser Stelle nur angedeutet werden.

Die bloße Fortbildung des Bisherigen zeitigt dies Ergebnis. Es ist nur zu fragen, was die erwähnten allgemeinsten und notwendigen Eigenschaften der Urteile, Identität und Widerspruchslosigkeit in ihrer realen Anwendung als Bedingung voraussetzen; der Gang der Untersuchung ist analytisch aus dem Vorhergehenden zu gewinnen. Als die der formalen Logik analogen realen Kategorien erhalten wir so Substantialität und, da Widerspruchslosigkeit eine Mehrheit von aufeinander bezogenen Gegenständen, also von Vorgängen einschließt, Kausalität; in ihnen allein ist eine empirisch nicht mögliche Notwendigkeit vorhanden. Dieses Resultat der Logik wird bestätigt durch die Phänomenologie des reinen Denkens, die aufzeigt, daß es seiner Natur nach nicht anders erkennen kann, als indem es eine Substanz unterlegt, an der Vorgänge stattfinden. Die Unvollziehbarkeit einer entgegengesetzten Vorstellung ist die Probe. Die Erfüllung geschieht freilich nur durch eine gegebene »Materie«. Alle andern Kategorien sind meines Erachtens empirisch, obwohl damit natürlich nicht abgestritten sein soll, daß auch sie den verknüpfenden Formen des Denkens entstammen. Aber ihnen kommt nicht der Charakter unaufhebbarer Denknotwendigkeit zu. Das »Ding mit Eigenschaften« ist z. B. als empirischer Gegenstand durchaus in bloße Wirkungsweise zersetzbar, und ebenso gilt dies für die Einheit und Vielheit der Erfahrungsgegenstände[3]).

Durch eine möglicherweise doppelte Geltung der reinen Kategorien entstehen zwei Welten: auf der einen Seite die Erfahrung, das Reich der Anwendung des Transzendentalen auf die Sinnlichkeit, auf der andern Seite das der Anwendung auf das Transzendente; denn darüber ist noch nichts ausgemacht, wie weit die Kategorien reichen, ob sie auch über die Erfahrung hinausführen.

§ 2. Das Problem des Empirischen.

Schon die Tatsachen der Sinnesphysiologie, die Ununterscheidbarkeit primärer und sekundärer Qualitäten bezeugen den phänomenalen Charakter der Erfahrung, der empirischen Realität. Aus Eindrücken, deren Ursprung festzustellen in das hier noch nicht zu erörternde Transzendenzproblem hineinführt, entstehen vermöge der apriorischen Formen der Sinnlichkeit die raum-zeitlichen Empfindungen, die jedoch nicht selbständig neben dem Verstand stehen, sondern von diesem selbst als geltend bejaht werden und mittels sämtlicher transzendentaler Funktionen die empirische Objektivität als einen Inbegriff von Geltungen begründen[1]). Freilich bleibt der so entstehende Notwendigkeitscharakter so formal, so allgemein, daß es unmöglich ist, aus dieser bloßen Form eine apriorische Einzelwissenschaft zu begründen. Auch durch die Kausalität ist zwar ein Satz abgeleitet, wie der, daß aus Nichts nichts wird. Aber es ist bedenklich, hieraus ein Gesetz von der Erhaltung der Substanz zu gewinnen; denn es könnte doch sein, daß in ihr oder etwa in der Energie Möglichkeiten liegen, die das Quantum vergrößern ließen. Auch die obersten materialen Grundsätze der Naturwissenschaften haben nicht — dies haben die empirischer gerichteten Kritiker wie Sigwart u. a. gezeigt — den Charakter absoluter Denknotwendigkeiten. Sie sind nur Postulate, die uns durch den Bestand der Erfahrung aufgedrängt und alsdann ihr als ein relatives Apriori, wenn der Ausdruck gestattet ist, untergelegt werden. Aber deswegen soll die Freudigkeit an der empirischen Gesetzmäßigkeit um so größer werden. Kants ursprüngliche Absicht war ja gegenüber Leibniz und seiner Schule, die Klarheit und Deutlichkeit der Sinnlichkeit zu rechtfertigen, und nur durch das Kategorienproblem und die dadurch nach ihm ermöglichte Apriorität der reinen Naturwissenschaft fiel dann der Wertakzent so sehr auf diese, daß trotz der Anerkennung empirischer Naturgesetze alles nicht apriori Notwendige fast gleichgültig erschien; so wenigstens fassen die modernen Rationalisten Kants Problem auf, woran auch die unglückliche Trennung des Wahrnehmungs- und Erfahrungsurteils schuld ist. Hegel vervollständigt die rationalistische Tendenz zu einer apriorischen Ableitung des Inhalts der Einzelwissenschaften; es liegt aber doch zugleich hierin, daß er ihren Reichtum nicht entbehren wollte. Deshalb hat auch Hegel den Empirismus hochgeschätzt ebenso wie der richtig verstandene Kant. Seinen Motiven gerecht zu werden ist unser Idealismus deshalb fähig, weil wir nur empirische Einzelwissenschaften kennen, das Apriori in ihre Voraussetzungen verlegen. Ihre Kategorien sind — und auch dies ist eine dem Geiste Kants verwandte Forderung — nur in lebendigem Zusammenhange mit den Einzelwissenschaften und ihrer faktischen Gestaltung zu gewinnen[2]). Und so erhalten wir noch einen andern Vorteil: der nur relative, weil empirisches Zugleichsein behauptende Charakter der Kategorien — die der Substantialität und Kausalität natürlich ausgenommen — ermöglicht es, der Skepsis Herr zu werden und die Widerspruchslosigkeit und Vereinbarkeit solcher Bestimmungen zu behaupten, die wie die im letzten Abschnitt als empirisch erwähnten von Hegel und Herbart zu entgegengesetzten Zwecken dialektisch zersetzt worden sind.

Das wissenschaftliche Weltbild der Empirie zerfällt nun in zwei Reiche, das theoretische, das Sein erkennende und das praktische, das Sollen aufzeigende.

Auf dem ersten Wege erhalten wir die häufig zu Unrecht als alleiniger Bezirk der Philosophie behauptete Aufgabe, das durch die Einzelwissenschaften Erarbeitete zu einem Ganzen zu verschmelzen, das wir als Metaphysik der Erfahrung bezeichnen wollen. Diese vom Transzendenten scharf abzugrenzende Metaphysik ist eine Geschichte des Wirklichen, ihr Problem identisch mit dem der Geschichtsphilosophie. Die klare Herausarbeitung des Entwicklungsgedankens auf schlechthin allen Erfahrungsgebieten ist nur die Verwirklichung des Grundprinzips Hegels, wenn er selbst auch noch eine reale

Entwicklung in der Natur abgelehnt und zudem in der Dialektik eine spezielle Bewegungsform, die durch den Widerspruch, ausgebildet hat; bei dieser Anerkennung ist indes nicht erforderlich, das Werden als Identität des Seins und Nichts zu fassen, da damit garnichts erklärt ist[3]). Der allen naiven Schöpfungsvorstellungen zugrunde liegende Gedanke, daß die Natur ebensogut ihre Geschichte in der Zeit habe als der Mensch, war durch den Sieg der mechanischen Naturauffassung zurückgedrängt worden, obwohl er anderseits gerade wieder — in der Kant-Laplaceschen Nebularhypothese — zum Begriffe einer wissenschaftlichen Entwicklungsgeschichte geführt hat. Aber der Denkweise Newtons entspricht es, für seine Wissenschaft nur die Entdeckung allgemeiner Gesetzmäßigkeiten zu vindizieren. Dabei wird übersehen, daß, wenn z. B. die Gravitation ein solches Gesetz darstellt, die Tatsache seines Geltens selbst wiederum ein Einmaliges ist. Leider haben Windelband und Rickert durch ihre scharfe Trennung des »Allgemeinen« und »Besonderen« einen schon oben verworfenen Dualismus herbeigeführt; und auch Rickerts Begriffe des »relativ Historischen« und des »relativ Allgemeinen« genügen nicht. Hier hilft vielmehr statt einer Ergänzung Kants der konkrete Begriff Hegels. Er lehrt uns, daß der Gegenstand zugleich allgemein und individuell ist, weil er »Einheit des Mannigfaltigen« ist, d. h. im Hinblick auf die ihm subsumierten Gegenstände ein Allgemeinbegriff, der aber selbst in seinem Fürsichsein ein Besonderes ist. Nur daß dieses Besondere wiederum durch den Fortgang der Erkenntnis allgemeinen Zusammenhängen einzuordnen versucht werden muß. Zuletzt erhalten wir den größten Allgemeinbegriff, das Seiende überhaupt, und es ist keineswegs zufällige Irrtümlichkeit, sondern eine notwenige, wenn auch freilich durch Erfahrung nicht lösbare Frage, ob nicht auch dieses Wirkliche überhaupt ein Einmaliges ist und im Sinne der Schöpfungsgeschichte entstanden. Bei der Einordnung des Besonderen in das nächst Allgemeine bleiben die Gemeinsamkeiten der Elemente im

Allgemeinen als reale Größen, sind sie doch deswegen zum
Allgemeinbegriff tauglich geworden. Der Unterschied zwischen
Natur- und Menschengeschichte besteht nur darin, daß wenigstens
für uns die gleichbleibende Gesetzmäßigkeit der Natur so sehr
im Vordergrunde steht, daß eine Geschichte der Natur unsere
Interessen verhältnismäßig wenig berührt. Für das Weltall
im ganzen dokumentiert die Unrichtigkeit der gewöhnlichen
Meinung etwa das Auftauchen eines bisher unbekannten
Kometen; die Theorie bringt uns den historischen Standpunkt
der Physik in der Scheidung revisibler und irrevisibler Prozesse nahe; die biologischen Wissenschaften veranschaulichen
die Zwischenstufe zwischen den noch immer so genannten a
potiori beizubehaltenden Reichen der Natur und Geschichte.
Auf diesem letzteren Gebiete tritt eine Änderung nur deshalb
ein, weil der Stoff der Verarbeitung, die Seele des Menschen,
komplizierter ist, und wenn auch der Versuch eine Gesetzmäßigkeit der Geschichte zu finden logisch einwandfrei ist,
so wird er meines Erachtens aus tatsächlichen Gründen doch
einfach deshalb scheitern, weil ich glaube, daß der Beziehungspunkt wenn nicht aller, so doch der auserwählten Menschen und
Zeiten eine jeder Subsumtion spottende Eigentümlichkeit und
Einzigartigkeit ist. Wegen der logischen Möglichkeit schließt dies
keineswegs die Gültigkeit der Isoliermethode aus, die die Voraussetzungen des Seelenlebens absichtlich durch Fiktion vereinfacht, um zu durchaus wertvollen exakten Gesetzen hypothetischen Wirklichkeitssinnes zu gelangen; vor allem ist dieses
Verfahren bei den primitiven Funktionen der allen Menschen
gemeinsamen wirtschaftlichen Notwendigkeit von Bedeutung[4].
Weil ich aber die Unvergleichbarkeit im Ganzen des seelischen
Erlebens behaupte, so sind mir alle Versuche der begrifflichen
Geschichtschreibung hoffnungslos, der Gefahr unterliegend,
die wirklich wertvollen Elemente der Realität fortzulassen und
nichtssagende und leere Schemata zu erhalten. Zugleich erhält von diesem Standpunkte der alte Gedanke vom Makrokosmos und Mikrokosmos neue Beleuchtung: die kleine und

die große Welt sind durch den Charakter ihrer Einmaligkeit verbunden.

Ist diese letztere Verwandtschaft zugestanden, so ergibt sich als gemeinsame Voraussetzung aller Wissenschaften die Wertung des Einmaligen. Und dies ist so wenig Zufall, daß wir hierin vielmehr eine Bestätigung des Vernunftapriori finden, ja nichts anderes als ihr objektives Bild. Denn wenn es wahr ist, daß die Vernunft aus Eindrücken die freilich nur phänomenale Welt schafft, so muß sie deshalb in diesem Wirklichen vorhanden sein. Dem bejahenden Charakter des logischen Urteils entspricht die bejahte Einmaligkeit des empirisch Seienden, die wir zum Unterschiede von der Begriffsallgemeinheit Bedeutungsallgemeinheit nennen wollen. Die erste ist zugleich, da auch der Begriff von Bedeutung ist, der zweiten untergeordnet. Wir würden keine Wissenschaft treiben, wenn nicht die Anerkennung einer Bedeutung von Natur und Geschichte als Voraussetzung vorangänge. Ihr Vernunftcharakter prägt sich darin aus, daß man das Ziel der Erkenntnis verfehlt, wenn man nicht ein Ideal der Wissenschaften bereits hat, das die Auswahl des zu bearbeitenden Gegenstandes ermöglicht. In der Naturwissenschaft ist dieser Zirkel nicht so bedenklich, weil wir hier nach übereinstimmender Meinung mehr am Begriffsallgemeinen als dem Wichtigsten interessiert sind. In der Geschichte ist das Problem schwerer zu lösen; denn hier ergibt sich wegen der Mannigfaltigkeiten der Bedeutungsallgemeinheiten als individueller Kausalitäten, daß eine Geschichte nur so weit objektiv ist, als die vorausgehende Weltanschauung richtig ist; wir haben schon früher gesagt, daß Rickerts Scheidung zwischen Wertbeziehung und -beurteilung falsch ist. Wie aber ist dieser seltsame Konflikt zwischen Ideal und Leben zu lösen, da wir doch gewiß systematische Ansichten erst durch Erlernung und Prüfung früherer Gegebenheiten gewinnen können? Die Antwort kann nur lauten: durch die Tat, indem man die Objektivität der Wissenschaft durch eine Subjektivität herbeizuführen sucht, die selbst wieder Objektivität ist[5]). Offenbar erhalten wir so einen Prozeß, der solange nicht abgeschlossen ist, als bis die Wahrheit gefunden worden ist. Auf diese Weise kommen wir wieder auf das Prinzip des Selbstbewußtseins zurück, dessen Bedeutung später erst im ganzen erörtert werden kann.

Wir fragen zunächst, wie sich unsere Meinung zu Hegel verhält. Er sagt in der Einleitung zur Philosophie der Geschichte: »Der einzige Gedanke, den die Philosophie mitbringt, ist der einfache Gedanke der Vernunft, daß die Vernunft die Welt beherrsche, daß es also auch in der Weltgeschichte vernünftig zugegangen sei. Diese Überzeugung und Einsicht ist eine Voraussetzung in Ansehung der Geschichte als solcher überhaupt; in der Philosophie selbst ist dies keine Voraussetzung«[6]). Unmittelbar darauf führt Hegel freilich aus, daß erst aus der Betrachtung der Weltgeschichte selbst ihre Vernunft empirisch abzuleiten sei. Was den letzten Punkt anlangt, so leitet er über eine allenfalls wahrscheinliche Hypothese nicht hinaus. Und eine metaphysische Vernunft in allem zu erkennen, vermag uns nach den bisherigen Darlegungen die Philosophie nicht zu beweisen. Auch in der empirischen Realität haben wir nicht das Recht, die Geschichte des bejahten Einmaligen als durchweg vernünftig zu behaupten. Das Wirkliche hat nur die Anlage zur Vernunft, zur Entwicklung höherer Stufen; nur der absolute Pessimismus ist, weil durch Vernunft gefunden und behauptet, ein Selbstwiderspruch. Nur hierzu reicht das Vernunftapriori aus, das im übrigen von allen einzelnen Geltungen wohl zu scheiden ist. Die Geschichte darf deshalb angesehen werden als ein Kampf um die Vernunft, den die Menschen, mit organischen Funktionen ausgestattet, mit Bewußtsein auszufechten berufen sind. So trennen wir Kausalität und Teleologie doch wieder aufs schärfste, obwohl die Auswahl der Kausalität selbst Wertbeurteilung voraussetzt, und erhalten als einen transzendental bewiesenen Satz, was Goethe in dem Worte ausdrückt, das tiefste Thema der Weltgeschichte sei der Konflikt zwischen Glauben und

Unglauben, d. h. der Kampf zwischen denen, die das reine Sollen oder den Vernunftwillen über sich anerkennen und die ihn leugnen. Auch Hegel wollte ja nicht schlechthin alles für vernünftig erklären, denn er versteht unter Vernunft die Notwendigkeit, scheidet also davon, was man nach aristotelischem Vorbild τὸ αὐτόματον, das Zufällige, nennen könnte. Dann aber wird der Streit in unzulässiger Weise auf den Inhalt des Notwendigen hinübergespielt. Indem wir besser die Kausalität und Notwendigkeit allenthalben finden, ist eine Maxime der Beurteilung erforderlich, ob ein vernünftiger Fortschritt stattgefunden hat, und es ist ein Vorurteil, dies ohne Empirie entscheiden zu wollen, die uns doch sehr viel Rückschrittliches zeigt und daher einen sicheren Schluß nicht zuläßt. Etwas ganz anderes ist es, wenn wir es als die Aufgabe des Historikers hinstellen, so weit als möglich aus den Tatsachen einen vernünftigen Zusammenhang herauszuarbeiten. Unter diesem methodischen Gesichtspunkt Geschichte zu treiben, ist durch Hegel in das allgemeine Bewußtsein übergegangen; ihm vor allem ist die heute allgemein vorhandene Verwerfung der rationalistischen Geschichtsinterpretation der Aufklärungszeit zu danken. Gerade weil diese Seite der Hegelschen Philosophie so wichtig ist, kann sie, weil bekannt und selbstverständlich, hier um so kürzer abgemacht werden. Wer aus Hegel gelernt hat, weiß, daß es Tiefen des Geschehens gibt, die jenseits aller Bewußtheit und Schuld stehen, ein Unabwendbares, das wir, ohne es ganz zu verstehen, bezeichnen als das Schicksal.

Wenn ich Hegels Identifizierung der Kausalität und Teleologie und die entsprechende Einschränkung der allgemeinen Bedeutung auf den allgemeinen Begriff nicht teilen kann, so hängt dies eng zusammen mit der dem Verstande unfaßbaren Übereinstimmung der empirischen und der durch die »List der Vernunft« gesetzten Kausalität; es entspricht mehr unserm Standpunkt, wenn Hegel wenigstens an einer Stelle der »Phänomenologie« die Selbständigkeit und Unableitbarkeit des Individuums behauptet[7]) und überhaupt zahlreiche Stufen des Begriffs als nur dem Absoluten subsumierte Konkretionen koordiniert. Sein Verdienst besteht darin, das Prinzip der kulturgeschichtlichen Methode aufgestellt zu haben, wenn darunter zu verstehen ist, den innigen Zusammenhang und die Wechselwirkung der verschiedenen Seinsreihen aufzuweisen. Und es beharrt ferner die Meinung, daß alles, was im Leben groß und göttlich ist, es durch die Idee ist. Auch darin hat er Recht, wenn er im Einklang mit den Anhängern der naturwissenschaftlichen Methode Äquivalenz von Ursache und Wirkung verlangt; denn wenn in der Geschichte, wie uns die Schule Wundts sagt, die Wirkungen über die Ursachen hinauswachsen, so folgt dies nicht aus einem »Prinzip der schöpferischen Synthese«, sondern einfach aus der Qualität der geistigen Ursache, der also ein scheinbares Größerwerden der Wirkung selbst zu danken ist[8]).

Es ist selbstverständlich, daß aus der speziellen Bestimmung der Entwicklung als eines dialektischen Prozesses gleichfalls zu lernen ist. Es ist unnötig, die hohe Bedeutung des Kampfes für den Fortgang und Fortschritt der Geschichte zu betonen, wenn auch Wiederholung und Anpassung wichtige andere Faktoren sind, die jedoch die Bedeutung des Widerspruchs und der Entgegensetzung nicht erreichen. Auch das Böse ist als denkende Betrachtung wenigstens der Natur überlegen und ein für uns Menschen unentbehrliches Mittel, das Streben nach dem Guten immer mehr zu läutern. Wie wunderbar schön und tief hat Hegel es immer wieder ausgesprochen, daß der Zustand des unschuldigen Paradieses ein tierischer sei, daß es der erhabene Vorzug des Menschen sei, sündigen zu können, damit er durch eigene Tat mit Bewußtheit das Böse zu überwinden lerne! Was für diese ethischen Gegensätze, gilt ebenso für die psychologischen von Lust und Unlust, Freude und Schmerz. Über diese »soziologische Positivität des Kampfes« hat ausgezeichnet Simmel gehandelt; es ist ein echt Hegelscher Satz, wenn er schreibt: »Es ist das

Wesen des Menschlichen, daß die Lebensbedingung seiner einzelnen Momente die Existenz ihres Gegensatzes ist [9].«

Auch in der Sonderform der ganzen dialektischen Entwicklungsreihe existieren, wenn auch nicht notwendige, so doch empirisch häufige Verknüpfungen durch Thesis, Antithesis und Synthesis, indem nach einer entgegengesetzten Bewegung die Rückkehr zum ersten Glied stattfindet, das nun durch Aufnahme des Widerspruchs zu einer höheren Stufe geführt ist. Vielfach verläuft die Geschichte in Extremen, wofür das Schicksal des absoluten Idealismus selbst ein treffliches Beispiel ist; es braucht freilich nicht notwendig die Synthese einzutreten; es kann auch der Untergang durch gegenseitige Reibung erzeugt werden. Selbst die logischen Formen des An-sich, des Für-sich und An-und-für-sich spielen — sogar im populären Bewußtsein — eine Rolle. Doch ist hier mit einer Beziehung zu Hegel nicht viel anzufangen, da ja der gemeine Menschenverstand die Identität von Subjekt und Objekt leugnet, in jenen Formen nur Ausdrücke des beziehenden Denkens sieht. Im An-sich fassen wir einen Gegenstand unabhängig von dem Verhältnis seines Seins zu unserm oder sogar seinem eigenen Bewußtsein, während das Für-sichsein die im Bewußtsein vorhandene Subjektivität und daher auch die bewußte Vereinzelung bedeutet. An-und-für-sich zu werden, heißt seine Gegenständlichkeit im Selbstbewußtsein realisieren.

An diesem wichtigsten Prinzipe der Hegelschen Philosophie brechen wir zunächst ab, um das früher vom Sein getrennte Sollen zu betrachten. In der Ethik erhalten wir so eine Kulturphilosophie, die sich von der im bisherigen erörterten Gesichtsphilosophie nur dadurch unterscheidet, daß sie die Möglichkeit einer möglichst vollkommenen Kultur untersucht. Die Stufe der subjektiven Sittlichkeit, der »Moralität«, wie sie Hegel nennt, genügt nicht. Zeigten wir früher das reine Sollen als Voraussetzung der Erfahrung auf, so ergibt sich jetzt, daß das Ziel des Sollens der von uns als Kultur definierte Inbegriff geistiger Werte ist, die Wertgemeinschaft. Indem diese aber selbst wieder ein Sollen sind, ergibt sich anscheinend ein Zirkel, der jedoch anstatt ein Fehler zu sein, uns die eigentliche Bedeutung des sittlichen Anspruchs erschließt. Denn aus dem Prinzip des Sollen Sollen folgt, daß der ethische Wert nicht die höchste Aufgabe des Menschen darstellt, sondern nur ein Mittel ist zur Realisierung des logischen und ästhetischen Wertes in ihrer Einheit. Das Ideal der Kultur ist Wahrheit und Schönheit, vollendetes Schauen, ein in der Religion symbolisch vollzogenes und vorausgeahntes Ziel. Es ist das gleiche, wenn Hegel den absoluten Geist dem objektiven überordnet. Es bedarf dies einer näheren Begründung.

Mit Recht fand er im geschichtlichen Sein objektive Mächte, die als seine konkreten Bestimmtheiten eine Synthesis von Recht und (subjektiver) Moral darstellen: Familie, bürgerliche Gesellschaft und Staat. Ursprünglich hatte er ihre von Kant und Fichte verfochtene Trennung durch den Begriff des Lebens überwunden. Außerdem durchlief Hegel eine Periode, wo er gleich Schelling den antiken Staatsgedanken rezipierte; sehr bald jedoch erkannte er seinem historischen Standpunkte treu das moderne Prinzip der Subjektivität, daß alles, was das Individuum tut, durch seinen Willen vermittelt sei. Deshalb faßt nun Hegel einmal den Staat als realisierte Freiheit auf, sodaß die Geschichte, die im Staat ihren Gegenstand hat, der Fortschritt im Bewußtsein der Freiheit ist. Sie besteht nicht in der Negation, vom Staate frei zu sein, sondern darin, nach Kräften durch den eigenen Willen an seinem Leben teilzuhaben. Damit hat Hegel das Ideal der Verfassung bezeichnet, so sehr auch die von ihm behauptete Erfüllung durch den ständischen Polizeistaat zurückblieb und die Bestimmung der Freiheit als selbstgewollter Notwendigkeit Lügen strafte. Auf der andern Seite entstand jedoch aus dem Programm der absoluten Selbstbestimmung eine Auffassung, die eine Sphäre der Innerlichkeit behaupten ließ, die jenseits aller staatlichen Zusammenhänge liegt. Eben dies ist der absolute Geist, und indem nun in der Rechtsphilosophie doch die platonisch-aristotelische Verabsolutierung des Staates angenommen wurde, entstand eine auch dialektisch nicht auflösbare Zwiespältigkeit. Einmal soll der Staat das Höchste sein, die an und für sich seiende Vernunft, und doch wird beim Übergang zum absoluten Geist diese Verherrlichung geleugnet: »Wo aber Endlichkeit ist, da bricht auch der Gegensatz und der Widerspruch stets wieder von neuem durch, und die Befriedigung kommt über das Relative nicht hinaus.« Und doch scheint am Schlusse der Religionsphilosophie die Sittlichkeit wieder den höchsten Wert zu erhalten: »In der Organisation des Staates ist es, wo das Göttliche in die Wirklichkeit eingeschlagen ... In der Sittlichkeit ist die Versöhnung der Religion mit der Wirklichkeit, Weltlichkeit vorhanden und vollbracht[10].«

Nach den eigenen Konsequenzen Hegels ist dieser Widerspruch nur so zu lösen, daß wir den objektiven Geist vom absoluten überwinden lassen, d. h. die Sittlichkeit auffassen als Mittel zur Realisierung der übrigen Werte. Solange dieses Ziel, dem wir uns nur in der Unendlichkeit nähern, noch nicht vollendet ist — alsdann wäre der sittliche Wert durch seine Verwirklichung aufgehoben —, dient er zur unmittelbaren Herstellung der Bedingungen, unter denen die Gemeinschaft und mit ihr der Fortschritt jener letzten Ideen gedeiht, deren Vollendung mit der der Sittlichkeit eins ist. Den Ideen, deren Zusammenhang wir Wertgemeinschaft oder Kultur nennen, zu dienen, ist die höchste Aufgabe des Menschen.

Auch der Staat ist angesichts dieses Zieles nur ein Mittel. Denn er kann als rechtliche Zwangsinstitution nur das »ethische Minimum« darstellen[11]), seiner Natur nach entziehen sich seinem stets rohen Schematismus die geistigen Werte, deren stets lebendige Entwicklung ihm nach dem tiefen Gedanken Spinozas schon deshalb fremd bleiben muß, weil sie sich in ihrer Geltungssphäre selbst seiner Macht entziehen. Trotzdem ist der bloße Rechtsstaat der Aufklärung mit Recht abgelehnt worden; auch wir sehen mit Hegel im Staate eine sittliche Emanation. So ergibt sich als Synthese des antiken und liberalen Staatsgedankens der Begriff einer durch den Staat vollendeten formalen Förderung der Kultur, d. h. einer Unterstützung aller objektiv berechtigten Ideen, wobei die Maßstäbe des objektiv Berechtigten nach größter Möglichkeit nur formal zu entnehmen sind, z. B. aus der Größe einer Gruppe und der sittlichen Tüchtigkeit ihrer Führer. Hegels Ideal vom protestantischen Staate ist reaktionär; vielmehr folgt aus seinem Freiheitsprogramm, daß der Staat die Entscheidung über die geistigen Werte dem Volke anvertrauen muß, wenn er auch zur Hülfeleistung ihm verbunden bleibt. So ist die Verwirklichung der absoluten Geistesfreiheit sehr wohl vereinbar mit dem von Hegel mit Recht behaupteten innigen Zusammenhang des politischen und religiösen Lebens, der eine Trennung von Staat und Kirche verwerfen läßt.

In einer solchen Forderung ist eingeschlossen, daß dem Individuum ein freier Spielraum zur Betätigung der Sittlichkeit bleibt. Was Hegel von der Individualität sagt — nicht ohne auch hier dem Staatsidealismus zu widersprechen —, enthält die beste Lösung des modernen Antiindividualismus und zeigt den großen Fortschritt, der ihn von Fichtes zweiter Phase trennt. Gerade die starke und leidenschaftliche Persönlichkeit ist es nach Hegel, die durch diese Eigenschaft allein befähigt wird, Trägerin des »Allgemeinen« zu sein. Am schönsten führt dies die »Phänomenologie« dahin aus, daß die Tugend falsch ist, die darin besteht, durch Aufopferung der Individualität das Gute zur Wirklichkeit zu bringen; denn die Seite der Wirklichkeit sei selbst nichts anderes als die Seite der Individualität. So siegt der Weltlauf über die pomphaften Reden vom Besten der Menschheit, die Hegel »Deklamationen leerer Aufgeblasenheit« nennt. Wer eigennützig zu handeln vermeint, weiß nicht, daß sein Tun zugleich ansichseiendes allgemeines Tun ist. Dadurch ist der großzügige Gesichtspunkt durchgeführt, der uns allein dem Genie und der Geschichte überhaupt gerecht werden läßt; gegen die großen Männer als Mittler des Weltgeistes darf nicht der für Durchschnittsmenschen gültige Maßstab angewandt werden, »die Litanei von Privattugenden der Bescheidenheit, Demut, Menschenliebe und Mildtätigkeit« [12]). Das eben bezeichnete Kulturideal ist damit identisch gesetzt mit der durch freie Individualität sich entwickelnden Menschheit. Solcher Art ist der Grundzug der an Hegel orientierten Ethik, die sich von seinem Standpunkt nur dadurch unterscheidet, daß sie das kausale Sein und das teleologische Sollen voneinander abtrennt und die Verwirklichung des Sollens nicht aus der Anschauung der Vernunft ableitet, sondern erkenntnistheoretisch begründet und als Aufgabe setzt. Der Utilitarismus der Aufklärungsphilosophie ist ebenso überwunden als der Rationalismus Kants, der durch seine Forderung des Pflichtbewußtseins den Menschen für immer in ein denkendes und handelndes Individuum spaltet.

So erweist die Ethik, was auch die Geschichtsphilosophie dartut, was naturwissenschaftlich gerichtete Soziologen gleichfalls behaupten, ohne das Ergebnis freilich erklären und in seiner Tragweite fassen zu können: der Mensch existiert nicht für sich, sondern nur die Menschheit; in ihr allein ist die Vernunft wirklich. In der durch sie ausgedrückten Gattungsvernunft ist der Gegensatz von Individuum und Gesellschaft überbrückt. Und nicht nur dies. Wir erkennen, daß es garnicht möglich ist, die Kulturinhalte des historischen Erlebens, deren Substrat die Menschheit ist, zu trennen von der nur gesellschaftlich möglichen Form der Kultur. Die Gesellschaft ist ja selbst nichts anderes als eine Vielheit solcher Wesen, die durch die Gemeinsamkeit der Regelung überhaupt verbunden sind, d. h. nicht durch äußere Regelung, sondern durch die Allgemeingültigkeit ihrer normativen Anlagen. Das Menschentum selbst ist die Konstituante der Gesellschaft; schon das Denken ist eine überindividuelle, daher soziale Tatsache. Die Kultur der Menschheit und die Tatsache des Vergesellschaftetseins lassen sich wohl zu methodischen Zwecken in einer Kultur- und Sozialphilosophie trennen; aber doch nur so, daß sie gleich Hegels Inhalt und Form wegen ihrer gemeinsamen Vernunft zuletzt zusammenfallen.

So geht die ethische Zielsetzung auf die Verwirklichung unserer eigenen Wesenheit, der durch Freiheit schöpferisch zu gestaltenden Menschheit. Und so wenig widerstreitet dieses Ideal der andern Meinung, daß der Mensch eine schlechthin unvergleichbare Eigentümlichkeit besitze, daß vielmehr umgekehrt erst hieraus der Sinn und die Möglichkeit quillt, die Menschheit durch die Summe aller Individualitäten zur Totalität zu bilden, indem sich das All in jeder nach der Weise ihrer berechtigten Besonderheit spiegelt.

Führt auf solche Weise und in diesem Sinne die Empirie zur Leugnung der Vielheit, so ist bereits die Eingangspforte zur Transzendenz betreten. Erst von hier fällt auf das Sozial-Sein eine letzte Beleuchtung.

§ 3. Das Problem des Transzendenten.

Neben dem Reich des Empirischen steht nach Früherem der Bezirk des Transzendenten. Wie schon einmal gesagt, müssen wir ein Ding-an-sich annehmen, weil dem Menschen als Sinnenwesen trotz aller Formung zuletzt der Gegenstand irgendwie gegeben sein muß, worauf auch die von unserm Willen unabhängige Veränderlichkeit des Empirischen hinweist. Freilich war Kants Ausdruck, die Dinge-an-sich als Ursachen der Empfindungen anzusehen, sehr schief; eine solche Ursache ist nur der empirische Gegenstand, der nur unabhängig von seiner Beschaffenheit als Vorstellung eben das gesuchte transzendente Korrelat heißt. Zwischen Erscheinung und ihrem Träger herrscht deshalb auch garnicht ein Kausalverhältnis, wie man Kant, verleitet durch den falschen Ausdruck seines richtigen Gedankens, stets entgegengehalten hat. Es ist derselbe Gegenstand, nur in anderer Hinsicht betrachtet.

Wir haben gleichfalls bereits früher erkannt, daß Hegels Kritik des Kantischen Phänomenalismus wenigstens nach der

Richtung zutrifft, als die Möglichkeit, über das Transzendente überhaupt etwas auszusagen, durchaus zugestanden werden muß; niemand hat so deutlich die heute von der Fries-Schule unter Nelsons Führung proklamierte »Unmöglichkeit der Erkenntnistheorie« ausgesprochen als Hegel[1]). Jenes »Aufweisen«, das Nelson, ohne sich freilich mit Hegel ausführlicher auseinanderzusetzen, Kant und seinen metaphysischen Nachfolgern entgegenhält, sollte ja gerade die »Phänomenologie« übernehmen. Der Einwand ist nur gültig, sofern auch die Erkenntnistheorie den Gegenstand und den Erkennenden voraussetzen muß; die dann übrig bleibende, freilich nicht voraussetzungslose Bestimmung des Verhältnisses mag den Namen »Erkenntnistheorie« durchaus beibehalten; und Nelson stellt ja doch selbst eine solche Untersuchung an[2]). Auch schließt dieser Standpunkt ein, daß die Erkenntnis sich nicht selbst wieder antasten kann, was nur durch einen Standort außerhalb einer eingeschränkten Erkenntnis, also durch reines Denken möglich wäre; entsteht so ein Selbstwiderspruch, so muß es möglich sein, das Ding-an-sich als Substratum des empirischen Gegenstandes zu bestimmen, vorausgesetzt, daß unsere Denkmittel dazu ausreichen, da man ja sich nicht auf die Erfahrung angesichts ihres phänomenalen Charakters berufen darf. Als Leitfaden der sofort dazulegenden Überzeugung möchte ich ein Wort Goethes anführen, der mit Hegel die Abneigung gegen die bloße Abstraktion teilte: »Nicht das macht frei, daß wir nichts über uns anerkennen wollen, sondern eben, daß wir etwas verehren, das über uns ist. Denn indem wir es verehren, heben wir uns zu ihm hinauf und legen durch unsere Anerkennung an den Tag, daß wir selber das Höhere in uns tragen und wert sind, seinesgleichen zu sein.«[3])

Die entscheidende Frage scheint zuerst die, ob wir berechtigt sind, die beiden apodiktischer Gewißheit teilhaftigen reinen Kategorien der Substantialität und der Kausalität auf das Transzendente anzuwenden. Dieses Problem stellen, heißt aber sofort die Gültigkeit des Verfahrens bejahen. Denn erstens ist im reinen Denken das die Phänomenalität hervorrufende Material der Sinnlichkeit abwesend, und zweitens bedeutet ja schon die Behauptung der Transzendenz, daß das Denken über die Erfahrung hinausreicht; in der Vorstellung des Transzendenten ist bereits die Kategorie der Substantialität angewandt. Eine Fragestellung ist hier ernsthaft garnicht möglich, da sie den Selbstwiderspruch einschließen würde, das Gedachte als nicht durch die Denkformen gedacht, also als ungedacht hinzustellen. Etwas ganz anderes ist freilich die Bestimmung der transzendenten Substantialität und Kausalität[4]).

Hier gilt es, den von Kant behaupteten, von Fries[5]) anerkannten Begriff des »Vernunftglaubens« weiterzubilden. In ihm steckt das rationale Moment, daß der Inhalt des Glaubens nicht bloße Befriedigung eines Bedürfnisses ist, aber ebenso wenig exakte Wissenschaft werden kann. Es handelt sich um eine freilich niemals verifizierbare Hypothese, der wir diesen Namen nur deshalb geben, weil in ihm der letzte Abschluß der Vernunft ausgedrückt ist. Ein dreifaches führt nun zu dem so verstandenen Glauben, der für Hegel apodiktisch gewiß war, daß das Absolute Geist ist.

Zunächst leitet alle apriorische und empirische Gesetzmäßigkeit darauf hin, daß die Überwindung des durch die Erfahrungswissenschaft nicht erschließbaren Trägers der Erscheinungen und seine Verwandlung in eine rationale Welt, die Denkbarkeit überhaupt, begreifbarer und wahrscheinlicher wird durch eine ursprüngliche Wesenseinheit von Subjekt und Objekt, durch die Übereinstimmung und Einheit des Wirklichen, die wir in seltenen, aber mit merkwürdiger Evidenz auftretenden Augenblicken, im intimen Verkehr mit der Natur oder einem Mitmenschen zu erleben vermeinen. Zweitens ist die Wechselwirkung der phänomenalen Substanzen nach Lotzes Argument[6]) nur so verständlich, daß ihnen ein gemeinsames Substrat zugrunde liegt; dies kann dann aber nur geistige Realität sein, da ja auch der Mensch an der Wechselwirkung der Erfahrung teilnimmt. Einen Hinweis hierauf enthält schon die

Kategorie der Substantialität selbst; denn während sie selbst unaufhebbar ist, ist doch jede einzelne Substanz als Inbegriff von Wirkungsweisen zersetzbar. Und drittens kann die Wahrscheinlichkeit des eben angenommenen Ahnungsgefühles auch so verdeutlicht werden: analog dem ontologischen Gottesbeweise, den der Begriffsphilosoph Hegel allein gelten lassen wollte, schließen wir von dem Begriff des absolut Wertvollen, der die Ergänzung und das Umfassende zu den Werten des Logischen, Ethischen und Ästhetischen gibt, auf die Existenz eines wertvollen Absoluten. Der freilich logisch nicht zwingende Schluß stützt sich darauf, daß der durch die Spontaneität des Menschen geschaffene Wertzusammenhang doch irgendwie wieder einem für uns exakt freilich nicht mehr erreichbaren Sein eingeordnet sein muß, daß der Inbegriff der empirischen Geltungen auf ein absolut, also transzendent Geltendes hinweist, ja selbst nur sein phänomenaler Ausdruck ist. So nehmen wir als notwendigen Vernunftglauben Hegels Meinung an: Das Absolute ist Geist.

Und zugleich ist mit dieser letzten Annahme schon die Überleitung zu einer zweiten hypothetischen Bestimmung des transzendenten Reiches gegeben. Wenn wir durch die Kategorien auch seine Wirklichkeit denken können, so ist damit nicht gesagt, daß dem Transzendenten auch unsere formalen Denkgesetze zustehen, als deren Grundstock wir oben Identität und Widerspruchslosigkeit behaupteten. Vielmehr umgekehrt. Auch das Absolute ist offenbar ein Beziehungsbegriff, der nur Sinn hat als Gegensatz zu einem Relativen oder Phänomenalen und deshalb nur in diesem Gegensatz wirklich zu sein scheint. Trotzdem setzen wir das Absolute absolut real und können nicht anders als diesen Schluß zu vollziehen. An diesem einen Punkte hat Hegels Dialektik der logischen Gegensätze Recht: selbst die Denknotwendigkeit und nicht nur, wie Kant meinte, die Erkennbarkeit des Absoluten führt auf Widersprüche, die uns freilich weder die Falschheit unseres Vernunftglaubens beweisen noch uns eines höheren wissenschaftlichen Denkens als der Normallogik versichern. Vielmehr können wir hierin nur eine Andeutung finden, zu begreifen, wie im Absoluten, der von aller Subjektivität unabhängigen Wirklichkeit oder der Gottheit, ein unserm Denken überlegener Verstand waltet, ein intellectus archetypus, für den vielleicht die durch Hegel behauptete Logik gilt, die Aufhebung des für uns Menschen maßgebenden Satzes vom Widerspruch und die von uns nur empirisch erreichbare Übersehbarkeit aller synthetischen Reihen durch analytisch-rationale Kausalität. Mit Bewußtsein rücken wir freilich den Menschen weit ab von der ihm unendlich überlegen gedachten Gottheit. Es ist zu viel beansprucht, wenn Hegel, durch die Sehnsucht nach der innigsten Vereinigung mit Gott verleitet, in Übereinstimmung mit den Mystikern des Mittelalters Gott durch den Menschen zur Vollendung kommen läßt und deshalb die Religion bestimmt als das »Wissen des göttlichen Geistes von sich durch Vermittlung des endlichen Geistes«[7]; auch entsteht auf diese Weise ein Widerspruch zu dem schon in der Logik an und für sich seienden Gott, den Hegel nur so vermied, daß er auch in sie schon eine Reihe historischer Stufen hineinnahm, auf diese Weise aber doch den Prozeß unnötig verdoppelte.

Doch soll durch die von uns gemeinte Entferntheit nicht der früher abgeleitete aus der Gemeinsamkeit der Einzigartigkeit gewonnene Satz geleugnet werden, der Mensch sei ein Ebenbild der Gottheit. Auch von dem Ewigkeitsglanze des intuitiven Verstandes fällt vielleicht ein Strahl auf das rätselhafteste Gebilde, das wir kennen, die Seele des Menschen. Denn in ihr scheinen, nur schwer begreifbar für die denkende Verarbeitung, alle Widersprüche und Entgegengesetztheiten zugleich zu sein. Durch den ganzen Strom phylogenetischer und individualer Vergangenheit getragen und »aufbewahrt«, wohnen hier auf denselben Gegenstand bezogen, jede Scheidewand jeden Augenblick niederreißend, entgegengesetzt und identisch zugleich Lust und Unlust, Freude und Schmerz, Liebe und Haß, der Wille zum Guten und Bösen. Vielleicht deutet die aller Rationalität des Denkens spottende Problematik der menschlichen Natur auf ein Substrat, das die Teilnahme an jener widerspruchsvollen und doch wahren Transzendenz sichert [8]).

Doch muß man sich wieder am meisten vor dem Mißverständnis hüten, als ob die hier behaupteten Verschiedenheiten einen realen Gegensatz zweier Welten bedeuteten. Es handelt sich in allen Fällen ausschließlich um die Differenz des Sinns, der Deutung. Es gibt nur ein Wirkliches, nur eine Welt. Gerade Hegel hat diesen monistischen Standpunkt mit großer Konsequenz durchgeführt; nach ihm gibt es nicht das Jenseits und Diesseits der vulgären Meinung, vielmehr nur die Darstellung des Unendlichen am Endlichen. Offenbar ergeben sich hieraus ganz neue Probleme, die erst im folgenden Paragraphen erörtert werden sollen.

Hier nur noch eins. Allenthalben ist nach Hegel die Geschichte eine Offenbarung des Absoluten, ist doch die Wahrheit überall vorhanden gewesen, nur nicht in der richtigen Form. Und doch erklärte er das Christentum für die absolute Religion. Sein Wesen erschien ihm stets charakterisiert durch den Ausspruch Christi, er sei gekommen, nicht Frieden zu bringen auf Erden, sondern das Schwert. D. h. die völlige Läuterung des Menschen im Kampf mit dem Bösen, die sittlich-religiöse Willensbildung ist die dem Menschen auf der Erde zugefallene Aufgabe, der andern nicht entgegengesetzt, trotz der Forderung des Unbedingten die Mitmenschen schlicht und einfach zu lieben. Und so sehr betonte Hegel, daß das Himmelreich im Menschen ist, daß er beständig gegen das »leere Jenseits« polemisierte; die Abneigung Christi gegen die Tat auf dieser Erde, seine mangelnde Stellung zur Kultur erschien ihm als ein Beiwerk, das, historisch bedingt, mit der Zeit abgefallen ist. Dieses Himmelreich wird nun in der Gemeinde lebendige Wirklichkeit. Hier haben wir Hegels Auffassung, die die Erreichung des Ideals allzusehr der Gegenwart vindiziert, zu verbessern, indem wir es identifizieren mit Fichtes in die Zukunft projiziertem Vernunftreich. Verwirklicht ist in ihm das durch die Ethik aufgestellte Ziel, nach dem die Persönlichkeit selbst Trägerin des Allgemeinen zu werden hat, und zugleich ist so die Eigentümlichkeit des Christentums erfüllt, das einmal einen radikalen Individualismus aufstellt, das innigste Verhältnis des einzelnen zu Gott verlangt und doch dieses Individuelle einem Überpersönlichen und Allgemeinen, eben dem Reiche Gottes einzuordnen verstand. Die Zukunft der christlichen Religion hängt davon ab, ob es gestattet ist, sie als immanente zu deuten. Abgesehen von den Aussprüchen, die Christus selbst nach dieser Richtung getan hat, daß z. B. das Himmelreich in uns ist, ist eine solche Interpretation für Hegel deshalb möglich, weil er von dem Dogma der Trinität ausgeht. Die Gottmenschheit Christi ist ihm, dem die Religion nicht anthropomorph genug sein konnte, ein Symbol für die Einheit des Menschlichen und Göttlichen, des Endlichen und Unendlichen, des Natürlichen und Ewigen. Und in der Tat: Christi Glaube an die jederzeit mögliche Gegenwart des Göttlichen, sein inniges nie zweifelndes Gottesbewußtsein, auf Grund dessen später als Gegensatz zur Lehre des Meisters das Dogma aufgebaut wurde, führt direkt zum Pantheismus. Und wenn Hegel auf Grund ähnlicher Überlegungen orthodox zu sein vorgab — im Widerspruch zu seiner ständigen Erklärung, die Religion habe es nur mit Symbolen zu tun —, so müssen wir uns nach dieser Richtung an den jungen Hegel halten, der das prachtvolle und leider auch heute so passende Wort prägt: »Am unerträglichsten sind öffentlich aufgestellte Sittenwächter. Wer mit lauterem Herzen handelt, wird am ehesten mißverstanden von den Leuten mit dem moralischen und religiösen Lineal.«

So ist aus Hegels Religionsphilosophie ein Doppeltes zu lernen: Die Deutung des Christentums und die der Gefühlstheologie Schleiermachers und seiner zahllosen Anhänger entgegengesetzte Behauptung eines rationalen Gehalts der Religion, wenn ich auch freilich ihre Gleichsetzung mit einer »unbefangen denkenden Vernunft« nicht anerkennen kann [9]).

§ 4. Das Zugleichsein des Empirischen und Transzendenten im Selbstbewußtsein.

Noch immer ist unsere Aufgabe nicht beendet. Denn nachdem wir bisher die Reiche des Empirischen und des Transzendenten abgesehen von der religiösen Frage scharf gesondert haben, fragt sich nunmehr, ob wir nicht doch imstande sind, die beiden in der Gemeinsamkeit der Denksphäre vereinigten Bezirke, in denen doch von demselben Wirklichen gehandelt wird, wieder in Beziehung zu bringen. Was bedeutet die Metaphysik der Erfahrung im Verhältnis zu der im Vernunftglauben erschlossenen Metaphysik der Transzendenz?

Das Motiv, das diese Problemstellung veranlaßt, ist die Erkenntnis, daß der Versuch hoffnungslos ist, aus der Spekulation über die bloße logische Form zu einer inhaltlich erfüllten Weltanschauung zu gelangen. Kants Lehre von der Sinnlichkeit wird, wie mehrfach erwähnt, geradezu verkehrt, wenn moderne Transzendentalphilosophen häufig die Materie mit Schmähungen überhäufen. Und von diesem Standpunkte aus haben die Einzelwissenschaften überhaupt keine Bedeutung mehr; sie erscheinen als schlechthin gleichgültig für die Probleme der Weltanschauung. Gerade dies widerspricht am meisten auch Hegels Grundmeinung, der nur den Fehler machte, sie apriori ableiten zu wollen.

Die Frage ist durchaus berechtigt, ob wir nicht in den Ergebnissen des phänomenalen Erkennens Zeichen finden können, die unabhängig davon, daß das Empirische bereits ein Geltendes ist, den Vernunftglauben an die Allgegenwart des absoluten Geistes zu bestätigen imstande sind; gedacht werden darf wenigstens, daß z. B. die Energiekomplexe der Naturwissenschaft die lebendige Bewegung des Geistes spiegeln, daß die unendliche Entwicklung des Weltalls ein Symbol ist der Rastlosigkeit und Fortschrittlichkeit des Idealen. Freilich geraten wir dabei in eine große Schwierigkeit. Wenn es auf den Grad des Geistigen ankommt, so ist offenbar vom Standpunkte der Erfahrungsmetaphysik der Mensch das höchste

Produkt der Natur. Wie verträgt sich dies mit der vorhin behaupteten Überlegenheit des Göttlichen? Und noch ein anderer Gesichtspunkt läßt die Einheit des transzendenten und empirischen Pantheismus nicht lückenlos schließen. Wenn früher gesagt wurde, daß die Erfahrung uns vieles Dysteleologische zeigt, wie ist dies vereinbar mit dem Glauben, daß alles Geist, daher vernünftig und notwendig sei? Diese Schwierigkeiten aufzurollen ist dann unvermeidlich, wenn man im Sinne Hegels die Kluft zwischen Endlichkeit und Unendlichkeit überbrückt und nur ein obwohl verschieden erfaßbares Wirkliches anerkennt.

Hier kann man nun freilich meinen, daß diese letzten Fragen der Theodicee sich dem Erkennenden entziehen, eben deshalb, weil ein unserm Denken überlegener Verstand in der Welt vorhanden sei. Aber so wenig die logische Folgerichtigkeit einer solchen Meinung bestreitbar ist, so mißlich ist ein solcher Verzicht dann, wenn das Transzendente nun einmal bestimmt ist und zur Erklärung der Wesenheit der Erscheinungen als ihr Grund beitragen soll. Wenigstens die noch bleibenden hypothetischen Möglichkeiten verdienen, klar aufgezeigt zu werden, so unzulänglich auch eine Lösung der Schwierigkeit ausfallen wird.

Entschließt man sich zu einer Beantwortung, so steht freilich fest, daß Gott als Inbegriff aller Totalität über dem Menschen steht. Aber das Problem geht auf das Selbstbewußtsein, das vom Gesichtskreis der Metaphysik der Erfahrung nur im Menschen vorhanden zu sein scheint, so daß Gott nach der Lehre der Mystiker wirklich nur durch ihn zur Selbsterlösung gelangt. Man kann auch sagen — und dies war die Ansicht Schleiermachers —, daß das Unbewußte und Unpersönliche höher steht als das Selbstbewußtsein, das nur in einer Persönlichkeit sein kann, die ein Fremdes sich gegenüber stehen lassen muß. Dies würde jedoch — auch abgesehen von der Unrichtigkeit des Schlußsatzes — damit streiten, daß wir der Geschichte als aufgegebenes Thema die

Verwirklichung der Bewußtheit zuschrieben, sie also höher bewerten und demnach, da das Wirkliche eins ist, auf das Weltall im Ganzen eine analoge Vorstellung anwenden müssen. Noch bleibt die Möglichkeit — eine an Hartmann erinnernde Überlegung —, die Selbstgewißheit Gottes in Lebewesen zu suchen, die außerhalb der Menschheit vorhanden sind, und da sie in die Erscheinung fallen müssen, als höher organisierte auf andern Weltkörpern wohnend gedacht werden können [1]). Oder man schreibt ihnen selbst Seelen zu, die dem Menschen überlegen sind, wie es Fechner als Konsequenz des psychophysischen Parallelismus entwickelt hat, womit die alten panpsychistischen Gedanken sehr wohl zusammenstimmen würden. Daß aber auch jetzt der Panlogismus nicht restlos aufgeht, beweist die Unbestreitbarkeit des Dysteleologischen.

Ich gestehe gern, daß ich aus diesen Schwierigkeiten keinen Ausweg weiß, zum wenigsten nicht einen rationalen. Dies ist auch deswegen nicht erstaunlich, weil in unsere Rechnung ja eine Prämisse hypothetischen Gehalts, der Vernunftglaube, eingeschlossen ist. Man könnte an einen Panentheismus denken, nach dem Gott mehr als die Welt ist, obwohl sie selbst nichts anders als göttliche Emanation; das Widervernünftige würde dann durch einen freilich auch sehr problematischen Freiheitsbegriff — denn Gott kann doch bei der Annahme der Identität des Ewigen und Natürlichen schwerlich etwas von ihm Unabhängiges schaffen — als die Schuld der endlichen Wesen gedeutet werden können. Aber selbst bei diesem Zugeständnis wäre nicht viel gewonnen; denn die Frage: weshalb schafft der ursprünglich ohne die Welt mögliche Gott das Universum, weshalb entläßt, um mit Hegel zu sprechen, die Idee die Natur aus sich heraus? kann nur beantwortet werden, wenn man eine Unvollkommenheit des transzendenten Gottes behauptet; ohne irgendwelche Spannung, ohne irgendwelche Sehnsucht nach einer Selbstbespiegelung ist eine Schöpfung des Endlichen nicht begreifbar. Dieser Mangel an einer absoluten Vollendung sollte aber doch durch den Panentheismus vermieden werden; man erreicht demnach das Motiv dieser Hypothese gar nicht. Und ist es nicht wahrscheinlich oder wenigstens am einfachsten vorstellbar, daß dieses Fehlen, das zur Erschaffung der Welt führt, das Selbstbewußtsein betrifft, nur durch sein Werden im endlichen Bewußtsein Gott sich selbst erkennt? Wer nicht Theist sein will, der den Vernunftglauben der Gleichung zwischen dem Absoluten und dem Geiste leugnet, ein von Gott geschaffenes Ungöttliches annimmt, dem ist auch mit dem Panentheismus nicht geholfen.

Halten wir am Pantheismus fest, so scheint mir am ehesten folgende Erklärung möglich. Gott, das Wirkliche oder das Universum, ist ursprünglich unvollkommen. Das Thema der Entwicklung ist der Kampf um den Fortschritt, den alle mit Bewußtsein ausgestatteten Lebewesen planmäßig zu führen haben. Was in diesem Prozeß als unzweckmäßig erscheint, wie z. B. das durch das Böse Gesetzte, ist zum größten Teil eine notwendige Bedingung des Fortschreitens und daher nur scheinbar dysteleologisch. Was dann übrig bleibt, ist das schlechthin Zufällige, das mit dem Werden der Gottheit aus einem Zustand geringerer Vollkommenheit verbunden ist; ein ursprünglicher Dualismus eines guten und bösen Prinzips braucht deshalb nicht angenommen zu werden. Das Selbstbewußtsein Gottes, das demnach erst entsteht, ist jedoch weder allein im Menschen oder besser der Menschheit noch ausschließlich in den verschiedenen Einheiten organischer Wesen auf andern Weltkörpern. Da Gott den Inbegriff aller Wirklichkeit ausmacht, so kann gedacht werden, daß sein werdendes Selbstbewußtsein in dem Selbstbewußtsein aller Sphären der im Kosmos vorhandenen Selbstbewußtseinsmöglichkeiten zum Erlebnis wird. Zugleich bleibt damit die Möglichkeit eines in dieser Bewußtheit vollzogenen höheren Denkens zugestanden. Was Hegel in der Logik auseinandersetzt und später in der Geschichte des Endlichen wiederholen läßt, fällt uns damit in eins, es ist derselbe Prozeß, nur von verschiedenen Seiten betrachtet, indem die Fülle von Gottes

Selbstbewußtsein jeder Wahrnehmung fremd bleibt. Auf solche Weise scheint mir allein das Dysteleologische zugestanden und erklärt, und zugleich die Erhabenheit und die trotz einer ursprünglichen Unvollkommenheit vorhandene Überlegenheit Gottes gerettet, seine Persönlichkeit mit dem Pantheismus vereint.

So kann vielleicht das Programm gelöst werden, von dem wir oben ausgingen, die Metaphysik der Erfahrung und der Transzendenz zu verknüpfen. Eine Bezugnahme auf die von vorsichtigeren Naturforschern häufig aufgestellte Zeichenlehre ist sogar direkt gestattet. Wir erhalten die Berechtigung, die Ergebnisse der Einzelwissenschaften so zu fassen, als sähen wir das durch einen Schleier freilich verdeckte Ding-an-sich; ihr Fortschritt ist deshalb wenigstens relativ gültig und nicht bedeutungslos für das Transzendenzproblem selbst, wenn auch hier freilich die Göttin niemals ganz sichtbar werden kann. Aber auch uns rückt so die Wertbetonung durchaus auf das «Gegebene», die Erfahrung. Und so fällt auch neues Licht auf die Geschichte selbst. Der wertvollste Gedanke des nachkantischen Idealismus kann nun erneuert werden, ausschließlich im Diesseits die Ewigkeitswerte zu fassen und eine metaphysische Bedeutung der Kultur zu behaupten. Wie sich der einzelne Mensch zur Menschheit verhält, so die Menschheit zur Gottheit. Wie ihr jedes Individuum zur Entfaltung notwendig ist, so ist auch die Menschheit unentbehrlich, um der Gottheit lebendiges Kleid zu wirken. In sein werdendes Selbstbewußtsein hat der Mensch nicht nur aufzunehmen, was bereits ursprünglich keimhaft in ihm vorhanden war, sondern schlechthin alles, was das Schicksal ihm an Anlagen, Bestimmungen und Veränderungen gewährt. Diese denkende Überlegung gewinnt so selbst einen metaphysischen Wert; denn sie bedeutet nicht nur die Selbstbestimmung des Menschen über sich selbst und seine Aufgabe, sondern auch die Möglichkeit, fortan mit Plan an dem Reiche Gottes oder dem Kommen des Vernunftreiches zu arbeiten. So dient die Kultur der

Menschheit zugleich einer Vervollkommnung der Welt. Wenn nun dem Selbstbewußtsein metaphysische Realität zukommt, so muß dies auch für seine Genesis gelten, die in erster Linie Geschichte der Philosophie ist. Und daß es hier vernünftig zugegangen ist, dies braucht man nicht aus Hegels Identifizierung der logischen und historischen Kategorien abzuleiten; sondern ich wenigstens möchte glauben, daß jedes philosophische System einem berechtigten Motiv, wenn auch nur einseitig, Genüge getan hat. Die vorliegende Skizze wird aber, soviel ich sehe, allen Ansprüchen gerecht, ohne Eklektizismus zu sein.

Nur noch eins sei besonders hervorgehoben. Unsere Untersuchung nötigt, entgegen der Idealität des Raumes die transzendente Realität der Zeit zu behaupten. Ersteres, weil das transzendente Substrat geistig, also unräumlich ist, das letztere, da wir feststellten, daß das Absolute ursprünglich unvollkommener ist als am Ende, daß seine Entwicklung ein Bild derselben werdenden Vernunft im Großen ist, die sich in der Geschichte der Menschheit im Kleinen als kommendes Selbstbewußtsein betätigt. Auf andere Weise ist so deutlich geworden, was wir sofort als wahrscheinliches Resultat erhalten konnten, indem ja die Geltung der reinen Kategorie der Kausalität für das Transzendente behauptet wurde. Es bedarf aber des ausführlichen Beleges; denn eine zeitlose Kausalität als ein bloßes Geschehen nach Gründen und Folgen ist wenigstens nicht von vornherein abzuweisen.

Eins bleibt freilich über alle Schranken, ja über alles Denken hinaus unbegreiflich. Wenn uns Hegel und Droysen und, obzwar in etwas anderm Sinne Münsterberg sagen, die Geschichte habe es zu tun mit dem »Ewig Gegenwärtigen«, dem »Zeitlosen«, so trifft dies auch den Inbegriff des Wirklichen. Das »Daß« der Welt, das mit seinem Sein zusammenfallende Gelten Gottes selbst ist nicht wieder in der Zeit vorhanden, sondern aller Begreifbarkeit entrückt, schlechthin ewig, erklärbar höchstens durch den Selbstwiderspruch der causa sui, der Selbstsetzung einer dialektischen Selbstspannung. Niemals werden wir verstehen, warum ein Etwas überhaupt ist und nicht das absolute Nichts. So vollendet sich die Philosophie in der Mystik; ihr Letztes, der Sprache freilich ein Wort nur, ist das »unsagbare Eine«[2]).

Mit dieser zum Schluß nur andeutenden Aufdeckung ist die systematische Untersuchung beendet. Die Rangordnung der Werte kann nun folgendermaßen bestimmt werden. Die Wissenschaft hat überall voranzuschreiten und die Grenzabsteckung zu allem Irrationalen zu vollziehen. Die Verwandtschaft des logischen Sollens mit dem moralischen Anspruch war der Ausgangspunkt: die Sittlichkeit enthüllte sich als Urphänomen. Ein bisher absichtlich Zurückgehaltenes kommt hinzu. Die Kunst, und besonders die von der Materie am meisten gelöste Musik, sie ist wegen ihres reinen Erlebnischarakters der unmittelbarste Durchbruch des Intelligiblen in den Erscheinungen, der deutlichste Anzeiger dessen, daß alles Vergängliche für die Sprache Gottes nur ein Gleichnis ist. Im religiösen Gefühl gewinnen wir die Einheit unserer Existenz mit aller Wirklichkeit, der Gottheit, dem Geiste. Der alles dies begreifende und begründende philosophische Standpunkt ist, wenn auch nur Hypothese, deren Wahrscheinlichkeit die außerwissenschaftliche Erlebnisevidenz steigert, doch die höchste Stufe, die der Mensch erklimmen kann. Dieses Selbstbewußtsein ist nicht das entäußerte Denken der Einzelwissenschaften und des Einzelmenschen: es ist, so wenig dies sprachlich formulierbar und vorstellbar ist, eins mit dem Leben oder der Kultur der Menschheit. Auch Hegel kann uns lehren, was uns Goethe als das Höchste gepriesen hat, ein Mensch zu sein.

§ 5. Die biologische Möglichkeit des Selbstbewußtseins.

Nur mittels des letzten Gedankens kommen wir über ein Problem hinweg, das unmittelbar bei Erreichung des Gipfels uns in einen jähen Abgrund zu stürzen droht: denn gespenstisch taucht vor uns auf das Problem Nietzsches. Es sei gestattet, bei dieser Gelegenheit die noch niemals beleuchteten Beziehungen dieses Philosophen zu Hegel ausführlicher darzustellen; denn sie weisen zahlreiche Parallelen auf und nur eine für unsere Metaphysik grundlegende Verschiedenheit.

Nietzsche kann man nur gerecht werden, wenn man von den Schopenhauer und Hegel gemeinsamen Voraussetzungen ausgeht. Die Grundlage bildet hier die Bestimmung des Ding-an-sich als lebendige Urkraft, die nach Nietzsches Lehrmeister Wille ist, für Hegel Wille und Vernunft zugleich. Indem nun Nietzsche Schopenhauers Welt gerade wegen ihres ungeheueren Leidens bejahte, wurde der ganze Schmerzensweg seiner Entwicklung, ohne daß er es selbst wußte, zu einer Rückkehr zu Hegel. Die Welt als Wille und Vorstellung, in Nietzsches Sprache das Dionysische und das aus ihm hervorbrechende Apollinische, gibt das gleiche monistische und doch eine qualitative Veränderung zulassende Entwicklungsprinzip, das Hegel in dem Kampf zwischen Substanz und Selbstbewußtsein behauptete, in dem Zugleichsein des trunkenen und völlig ruhigen Begriffs. So wenig wie Hegel ist Nietzsche Individualist; denn die ethische Zielsetzung ist beiden in identischer Bedeutung das Leben oder die Kultur der Menschheit, und beide erblicken, verächtlich vom Glück denkend, in der Freiheit und den Leidenschaften des genialen Menschen die alleinige Gewähr jener Steigerung. Auch Nietzsche ist ein historisches Genie, wenn er auch in der Interpretation wichtiger geschichtlicher Tatsachen, bei der Beurteilung des Christentums dauernd und der sozialen Bewegung der Gegenwart zumeist von dem in der Jünglingszeit gewonnenen Blickpunkte Schopenhauers abhängig blieb und deshalb hier irrte. Aus den innersten Erlebnissen seiner Persönlichkeit, die ihn in den bösesten Zeiten der Krankheit vom Pessimismus befreite, gelangte er zu dem mit dem dialektischen Prinzip übereinstimmenden Satze, daß alles »trotzdem« entsteht. So hat Nietzsche gerade unmittelbar vor dem geistigen Zusammenbruch die maßvollen Ansichten eines Hegelianers gehabt, der in allem Vernunft, weil Notwendigkeit, findet. Freilich bleibt dies bei ihm trotz des Anscheins von Objektivismus eine subjektive Maxime, wo wir indes Nietzsche nach früheren Ausführungen nur Recht geben können. Es hängt aber die Ablehnung des von uns hypothetisch zugelassenen Versuchs einer transzendenten Geschichtsdeutung eng zusammen mit seinem Naturalismus und Positivismus. Obwohl gerade Nietzsche als der erste in der jüngsten Vergangenheit die zentrale Bedeutung des Wertproblems erkannte, vermochte er es nur psychologisch zu sehen und hat deshalb der Transzendentalphilosophie niemals Verständnis entgengengebracht. Ursprünglich freilich, in seiner ersten Phase, glaubte auch er an eine »metaphysische Bedeutung der Kultur«, nachdem er unter dem Einfluß Richard Wagners den absoluten Pessimismus Schopenhauers zu einem tragischen Kulturideale abgeschwächt hatte. Auch später drängt jedoch die positivistische Resignation über sich hinaus, und Nietzsche behauptet — hierin von dem Monismus Hegels und Schopenhauers abweichend — eine pluralistische Metaphysik: es gibt nur Willenspunktationen. Schlecht verträgt sich dies freilich mit dem der Mystik verwandten Dionysosprinzip und schlecht auch mit der Betonung des Ewigkeitsgedankens, der mir bei der Hegel und Nietzsche gemeinsamen Behauptung von der Existenz nur einer Welt doch die Einordnung aller Gegensätzlichkeiten in ein schlechthin Eines, die Substantialität überhaupt, zu fordern scheint. Denn wie Nietzsche einst gesagt hatte, daß ein Volk und ein Mensch nur soviel Bedeutung hat, als er auf seine Handlungen den Stempel des Ewigen zu drücken imstande ist, so wiederholte er später dieselbe Norm in der Lehre von der ewigen Wiederkunft.

Aber darin weicht er nun von Hegel ab, und deshalb sprachen wir von einer großen Gefahr, im letzten Augenblick zu scheitern. Für Nietzsche ist das Pflichtbewußtsein nicht nur wie bei Hegel unnötig, sondern er erklärt jede Rationalisierung, jedes Selbstbewußtsein für Dekadenz, weil es dem mächtigen Instinktleben, diesem Zielpunkt der Sittlichkeit, Abbruch tut, das selbstische Handeln des genialen Menschen schwächt und hierdurch die Erfüllung der Pflicht vereitelt.

Das eigentümliche, so wenig verstandene Paradoxon Nietzsches ist dies: es gibt nur Pflichten, aber es darf kein Pflichtbewußtsein geben. Das Selbstbewußtsein ist unverträglich mit der biologischen Gesundheit; die Ausbildung des Intellekts, alles Absichtsvolle verkümmert die Wollungen und Gefühle des Menschen und führt zur Entartung. Dieser Gedanke ist ja nicht völlig neu. Er liegt — zu einem großen Teile wenigstens — Rousseaus Kulturpessimismus zugrunde, ihn teilte Herder, für den Kultur vielfach nur ein Name für »verfeinte Schwachheit« war; und vor allem war Goethe ein Gegner der Fichte, Schiller, Schelling und Hegel gemeinsamen Geschichtsphilosophie, nach der das einst als Geschenk der Natur Gegebene, das Unbewußte, mit Bewußtsein neu geschaffen, durch die Kultur zur zweiten Natur werden sollte. Denn Goethe sah in diesem Prozeß vermöge seines anschauenden Realismus nur die empirisch freilich in die Augen fallenden Begleiterscheinungen: die Zahmheit und Schwachheit der heutigen Generation, weshalb er meinte, die Deutschen sollten weniger Gelehrte und dafür um so mehr Menschen sein, weniger Philosophie treiben und dafür an Tatkraft gewinnen.

Und doch gibt uns gerade die Steigerung dieser Ansicht in Nietzsche, der das Problem direkt von Goethe übernahm, den Fingerzeig zur Lösung. Wenn für Hegel die Übereinstimmung der Individualität mit dem Allgemeinen durch die göttliche Immanenz gesichert war, er also hierzu das Selbstbewußtsein nicht einmal nötig hatte, so ist Nietzsche umgekehrt von dem Unwert der Gegenwart überzeugt; er will den Menschen erst die Erkenntnis vermitteln und muß daher jeden Augenblick dahin umschlagen, an Stelle der Apologie des Unbewußten die bewußte Züchtung zu setzen, das Extrem des verfehmten Selbstbewußtseins selbst herbeizurufen. Nietzsches Selbstwiderspruch in diesem Punkte ist nur ein Ausdruck für die Unmöglichkeit, durch intellektuelle Bemühungen den Unwert des Intellekts zu beweisen. Und nun erinnern wir uns, daß ja Hegels Prinzip dem Humanismus garnicht widersprechen wollte, vielmehr nur ein anderer Ausdruck dafür war, daß der Mensch in der Totalität seiner Kräfte sich selbst kennen zu lernen und zu bestimmen hat. Nietzsches Skepsis ist daher nicht haltbar; wir schulden ihm nur die freilich sehr bedeutungsvolle Warnung, daß die Verwirklichung des metaphysischen Zieles nicht ohne Zuhilfenahme einer geistigen und physiologischen Hygiene möglich ist. Aber unaufhebbar notwendig ist ein Konflikt zwischen Selbsterkenntnis und Gesundheit, Intellekt und Gefühl, Denken und Handeln nicht; es liegt hierin zwar ein Problem, das wohl, wie auch die moderne Romanliteratur spiegelt, jeder Teilnehmer an der Geisteskultur heute an sich verspürt, aber sehr wohl nach seinen individuellen Bedingungen aufzulösen vermag, indem die Kalokagathia durch ein rationelles Neben- und Nacheinander der Ausbildung gewonnen wird[1]).

§ 6. Rückblick auf die Lösung der Aufgabe.

Wir stehen am Schlusse der Untersuchung. Ob das hier für richtig Erachtete für würdig befunden wird, als «Neuhegelianismus» gerechnet zu werden, ist völlig gleichgültig. Freilich glaube ich dies beanspruchen zu können; denn vielleicht auch ist dieser Entwurf einer transzendentalen, obwohl nicht antimetaphysischen Umbiegung der Philosophie Hegels imstande, der Aufgabe zu entsprechen, die der Meister zu lösen unternommen hatte. Sie bestand darin, absolute Wahrheit und absolute Befriedigung zu erreichen. Beides vermag man auch aus der hier skizzierten Weltanschauung zu gewinnen. Die absolute Wahrheit ist insofern der Möglichkeit nach vorhanden, weil wir zur Philosophie nur die von aller historischen Entwicklung unabhängigen Voraussetzungen der Einzelwissenschaften rechnen und außerdem das durch keinen Fortschritt ihrerseits auflösbare Problem der Transzendenz. Die Philosophie ist formal geworden, ohne daß wir uns freilich geweigert hätten, im Vernunftglauben die Werte dem Wirklichen überhaupt einzuordnen. Außerdem wurde der Begriff einer Metaphysik der Erfahrung gebildet, die dasjenige zum Ganzen einer Geschichtsphilosophie verarbeitet, was die nur empirisch möglichen und jederzeit einen Fortschritt zulassenden Einzelwissenschaften gewinnen. Die Doppelheit der Forderung ist befriedigt, einmal die Möglichkeit eines philosophischen Systems zuzulassen und dem Historismus zu entfliehen, auf der andern Seite den durch den Entwicklungsgedanken gebotenen Relativismus im Stande aller Einzelwissenschaften einzuräumen. Diesen beiden sachlichen Notwendigkeiten konnten wir gerecht werden, während Hegels Lösung durch die Ineinssetzung beider Reihen zu dem Selbstwiderspruch des absoluten Relativismus und dem ungeheuerlichen Versuch einer apriorischen Deduktion der Einzelwissenschaften führte.

Sehr wohl dürfte unsere Meinung auch das vermitteln, was freilich nur ein Ergebnis der Wissenschaft, nicht ihre Aufgabe sein darf, nämlich das zu bringen, was Hegel die »Versöhnung« nennt, und durch sie der Haltlosigkeit des modernen Subjektivismus ein Ende zu bereiten. Nur durch die Aufnahme seines Geistes kann der herrschenden Anarchie gesteuert werden, die in der Weltanschauung nur Gefühl und keinerlei Allgemeingültigkeit sieht, nur so gegenüber dem Skeptizismus die Selbstsicherheit der Vernunft durchgeführt, die Verwechslung vermieden werden, als ob das für jeden Gegner des Katholizismus selbstverständliche persönliche Suchen und Finden der Wahrheit identisch sei mit der Leugnung der objektiven Wahrheit, als ob ein dem entgegengesetzter Standpunkt eine persönliche Bescheidenheit, das bereitwilligste Zugeständnis einer Möglichkeit des Irrtums ausschlösse.

Nur durch die objektive Einsicht, die Idee der einen Wahrheit, ist die Befriedigung überhaupt herbeizuleiten. Dies ist durch unsern Entwurf geschehen. Denn indem wir dem Kulturprozeß eine metaphysische Bedeutung zusprechen zu können vermeinten, ist damit zugleich gesagt, daß in diesem Werden jeder einzelne, auch der geringste, eine objektiv notwendige und deshalb vom Glanze der Ewigkeit umstrahlte

Pflicht erfüllt. Die eigentümliche Leistung in Hegels Idee ist ja ihre Überbrückung des Gegensatzes von Theorie und Praxis, deswegen weil der Begriff ja nur die ideelle Deutung des Tatsächlichen ist. Deshalb sagt uns Hegel, daß die Tat das wahre Selbst des Menschen ist, daß in ihr sein wahres Sein besteht. Obwohl er uns durch die Universalität seines Wissens ein heute wohl unerreichbares Ideal darstellt, so galt doch die Lebensarbeit des Mannes, der schon früh den Widerspruch zwischen Leben und Idee empfunden hatte, dem Kampf gegen die heute noch viel mehr als zu seiner Zeit überwuchernde «bloße» Gelehrsamkeit; hier stellte er als Muster wegen ihrer Verbindung mit dem Leben die Sophisten auf, da die Philosophie auf die Unschuld unserer nur gelehrten Professoren nichts gebe[1]). Und wenn er von seiner Philosophie aus große politische Interessen hatte, so kann er uns vielleicht auch hier vorbildlich sein. Sein reaktionärer Standpunkt ist ja nur ein sehr bedingter und hängt zusammen mit dem bereits erreichten Selbstbewußtsein und der daraus folgenden Vernunftapotheose seiner freilich recht schlechten Wirklichkeit; es ist der gleiche Fehler, der sowohl das System durch die Methode stürzen als auch aus dem Konservativismus den Radikalismus des Liberalismus und noch mehr des Sozialismus hervorgehen ließ. Hegels im Grunde ebenso konservatives als revolutionäres Prinzip gibt uns auch heute noch den besten Gesichtspunkt zur Beurteilung der Politik, insbesondere zur Einordnung der sozialen Frage.

Denn was er von seiner Zeit behauptete, projizieren wir in die ferne Zukunft. Uns ist das Kommen des Vernunftreiches, die Errichtung der organischen Verfassung, in der Individuum und Allgemeinheit, Freiheit und Autorität versöhnt und die höchsten Ideen gefunden und gelebt sind, nicht eine kausale Notwendigkeit, sondern ein Postulat, ein durch die Innerlichkeit des frei wählenden Willens zu erfüllendes Thema; und so gewinnen wir zugleich durch dis Ablehnung des Panlogismus und der begrifflichen Geschichtsschreibung überhaupt eine vergrößerte Selbständigkeit des Individuums. Und schließlich ergibt sich ein Verständnis der objektiven Kultur, in der durch weiteste Arbeitsteilung die personalen Werte dem überindividuellen Zusammenhang geopfert werden; das Ziel aber ist hierbei, die nur auf diese Weise ermöglichten Fortschritte in Theorie und Praxis, den vollendeten Objektivismus, die «Substanz» von neuem mit dem «Selbstbewußtsein» zu versöhnen.

Alles dies bedeutet keinen flachen Optimismus. Hat nun auch der Mensch eine gesicherte Stellung im Weltall, ist ihm jenseits aller bloßen Gefühlswahrheit eine notwendige Aufgabe zugewiesen, so weiß doch Hegel ebenso wie Nietzsche, daß die Weltgeschichte nicht der Boden des Glücks ist. Jenes innere Leiden, das Schopenhauer zu seinem Pessimismus verführte, hat auch er empfunden; verstattete er ihm Eingang in das System nur als ein notwendiges Moment in dem Reichtum der Idee, so weiß doch auch dieser anscheinend glücklichste Philosoph, wie er einmal an seine Braut schreibt, daß «in nicht oberflächlichen Gemütern an alle Empfindung des Glücks sich eine Empfindung der Wehmut anknüpft»[2]). Dieses tragische Grundgefühl rührt von der Einsicht in die Unzulänglichkeit und das Fragmentarische aller der Bemühungen her, die dem Einzelnen möglich sind. Eben deshalb fordert der Weltlauf das Opfer des fälschlich für sich gedachten Menschen, die Leistung, sein Werk. Dies hat uns der richtig verstandene Hegel zu lehren: die Mitte zu halten zwischen dem himmelstürmenden Idealismus der Jugend und der Resignation des Alters, uns in echter Männlichkeit an der gesunden Wertung des Gegebenen zu freuen und zugleich alles Veraltete mit der auf die Dauer stets siegreichen Macht des Geistes zu bekämpfen — in unbedingtem Vertrauen auf die Selbstgewißheit der Vernunft und dem uns durch sie angewiesenen metaphysischen Ort.

Belegstellen und Ergänzungen.

Einleitung.

1) Rosenkranz, Hegels Leben S. 384.
2) Foerster, Geburtstagsgedicht von 1826 und Grabrede bei Rosenkranz a. a. O. S. 561, 565.
3) Hotho a. a. O. S. 380—82.
4) Vgl. Hegels Theologische Jugendschriften, herausgegeben von Nohl 1906, besonders S. 8—16, 143 ff., 347, ferner Werke I, S. 172, 176. Hegels Jugendansichten sind also identisch mit denen, die später Feuerbach durch das Abstreifen des metaphysischen Rahmens und eine allgemeine empirische Umstülpung zurückgewann, nur daß Hegel der Religion wenigstens subjektive Gültigkeit erhalten wissen wollte. Sein damaliger politischer Radikalismus vervollständigt die Parallele, wie denn auf Feuerbach unmittelbar die Sozialisten folgen. Über diesen Gesamtzusammenhang habe ich mich ausführlich ausgesprochen in meinem Aufsatze: Zur Würdigung des »wahren« Sozialismus, Archiv für Geschichte des Sozialismus und der Arbeiterbewegung, Jahrg. I, Heft 1, S. 41—100.
5) Hegel, Enzyklopädie § 6 (dies wird stets nach der von Lasson besorgten Ausgabe der Phil. Bibliothek zitiert, wofern nicht die große Enzyklopädie der Werke besonders angeführt ist; bei allgemeinen, stets wiederkehrenden Gedanken Hegels ist zur Bequemlichkeit des Lesers auf dieses am ehesten verbreitete Werk besonders häufig Bezug genommen); Werke XII 288, XV 689.

Erstes Kapitel.

1) Fichte, System der Sittenlehre, Werke IV 156.
2) Vgl. Kant, Metaphysik der Sitten, W. (Hartenstein) VII 195, Kritik der Urteilskraft, W. V 444 f. (§ 83).
3) Fichte, Bestimmung des Gelehrten, W. VI, bes. S. 301.
4) Fichte, Grundzüge des gegenwärtigen Zeitalters, W. VII 11 ff., 29 ff., 59, 146.
5) Fichte, Über das Verhältnis des Urstaates zum Vernunftreich, W. IV 447 ff., 424 ff.

6) Schelling, System des transzendentalen Idealismus, W. I, III 628 f.
7) Schelling, Methode des akademischen Studiums, W. I, V 283 ff., 348 ff., 307.
8) Hegel; Enzykl. §§ 60, 10.
9) Vgl. bes. W. III 28 ff. (Einleit. zur Logik); ferner Enzykl. § 48.
10) Schelling, W. I. V 219 f. Novalis, Philosophische Fragmente 89, W. herausgegeben von Friedemann III 43; ebenso Friedrich Schlegel in seinen geschichtsphilosophischen Vorlesungen, vgl. Eduard Erdmann, Geschichte der Philosophie, 4. Aufl. von B. Erdmann, II 478 ff.
11) Hegel, Enzyklopädie § 44.

Zweites Kapitel.

1) Windelband, Präludien, 3. Aufl. 1907. S. 345, 327.

2) Vgl. z. B. Cohen, Kants Theorie der Erfahrung², 1885 S. 501—26. Nach ihm ist das Ding-an-sich die Erfahrung selbst als Gegenstand gedacht, die systematische Erfahrung, die die Naturgeschichte einschließt. Deshalb ist das Ding-an-sich Idee, Inbegriff der wissenschaftlichen Erkenntnisse, unendliche Aufgabe, Ausdruck eines Gedankens. Ebenso Natorp, der (Die logischen Grundlagen der exakten Wissenschaften, 1909, S. 16 ff.) noch mehr an Hegel erinnernd sagt, »daß geradezu der Gegenstand nicht ist, sondern wird« (S. 18). Ferner vgl. Cassirer, Das Erkenntnisproblem in der Philosophie und Wissenschaft der neueren Zeit, 1906 f., Bd. II S. 595 ff., Substanzbegriff und Funktionsbegriff, 1910, S 387. Die Übereinstimmung mit Hegel bleibt freilich auf die Absicht eines reinen Rationalismus eingeschränkt, da sich die Marburger Schule, abgesehen von den erwähnten Wendungen, stets aufs engste Kant anschließt. Hiernach gibt es folgerichtig wie bei Hegel keine Transzendenz, weshalb es merkwürdig berührt, daß Natorp noch ausdrücklich der Religion den Transzendenzanspruch deshalb abstreitet, weil in ihr ein intellektuelles Motiv enthalten sei, das Unendliche als Gegenstand der Erkenntnis für sie aber nicht existiere (Die Religion innerhalb der Grenzen der Humanität², 1908, besonders S. 46).

3) Die Kenntnis dieser Ansichten darf ich als bekannt annehmen; vgl. Windelband, Geschichte und Naturwissenschaft, Präludien S. 355 ff., Rickert, Grenzen der naturwissenschaftlichen Begriffsbildung, Der Gegenstand der Erkenntnis, Geschichtsphilosophie in der Festschrift für Kuno Fischer; hieraus ist der im Text zuletzt angeführte Satz Bd. II, S. 110 f. Im folgenden sind fast ausschließlich benutzt von Rickert: Transzendentalpsychologie und Transzendentallogik (Sonderdruck aus den Kantstudien, Bd. XIV, Heft 2) und Vom Begriff der Philosophie (Logos, herausgegeben von

Mehlis, Bd. I, Heft 1), außerdem noch die zweite Auflage der Schrift Kulturwissenschaft und Naturwissenschaft (1910). Diese Ideenwelt knüpft bekanntlich an Lotze an, dessen Herausarbeitung und Scheidung des Geltens und Seins (vgl. besonders Logik^2, 1880, S. 505 ff.) den Anstoß gab und die Brücke zwischen dem alten und dem neuen Idealismus bildet. Darin unterscheidet sich Lotze von Rickert, daß er deutlich in seinem Ausgangspunkt mit Recht ein jenseitiges unbekanntes Reale zugrunde legt. Durch die Trennung beider Sphären gelangt er nun zu dem paradoxen Resultat, »weder zu wissen, wie die Dinge sind, noch was sie sind, wohl aber, was sie bedeuten« (Mikrokosmos, Bd. III^5, S. 239; vgl. auch die angeführten Partien der Logik). Dies heißt aber doch nur, daß wir Phänomene erkennen und deshalb auch wissen, was für eine Bedeutung ihnen in dieser Eigenschaft zukommt. Anstatt bei diesem Dualismus stehen zu bleiben, mußte Lotze fragen, ob nicht auch das Sein, das Wirkliche ein Geltendes ist, welchen Schritt Rickert durch ein übrigens garnicht erfordertes Mittel, die absolute Deckung des Gegenstandes mit dem Sollen, vollzieht, ohne freilich hierüber letzte Klarheit zu gewinnen, woraus das im Text angeführte Scheinproblem entstand. Ferner mußte sich Lotze, was Rickert ebenso vernachlässigt, das Problem stellen: was bedeutet es, daß ich überhaupt das Ding-an-sich (das auch Rickert nicht ganz leugnen kann) denken kann und schließt dies vielleicht ein, daß ich es auch durch reines Denken bestimmen kann? Dies wäre eine Problemstellung im Geiste des von ihm (Logik S. 608) angerufenen Hegel gewesen. Daß auch Lotze dazu neigte, das Gelten dem Sein überzuordnen, ja das Sein, was ich für unmöglich halte, in den Primat der ethischen Wertsetzung hineinzuziehen, beweist der der prinzipiellen Trennung widerstrebende Satz, daß die Grundsätze der Mechanik sich als letzte formelle Ausläufer der Idee des Guten deuten lassen könnten (Mikrok. S. 620), eine Meinung, die allerdings unversöhnlich mit der andern kontrastiert, daß »alle notwendigen Wahrheiten, denen wir das Seiende als etwas sekundär Hinzukommendes unterordnen zu können glauben, eben nur Natur und Konsequenz des Seienden selbst sind« (Logik S. 568).

4) Münsterberg, Philosophie der Werte, 1908, S. 130, 149 ff., 444 ff. Vgl. auch Vorwort zu den »Grundzügen der Psychologie« I.

5) Husserl, Logische Untersuchungen, 1900 f., I 151, II 4; vgl. II 108.

6) Vgl. besonders Zwei Wege usw. S. 59, 45 f., 48. Begriff der Phil. S. 21, 25.

7) Windelband a. a. O. bes. S. 13 f., 11, 9.

8) Croce a. a. O. S. 1 ff., 65—140, 141 ff. 154.

9) Ebbinghaus a. a. O. bes. S. 10, 21.

Drittes Kapitel.
1) Ebbinghaus a. a. O. S. 21.
2) Hegel, Werke II 174 f.
3) In der Tat sagt Hegel vereinzelt, daß der philosophische Standpunkt erst möglich wird, wenn die Verstandeserkenntnis empirisch ihr Werk vollendet hat, so besonders in der Einleitung zur Naturph. W. 7 I, bes. 11, 18, Enzykl. § 246. Aber diese Behauptung kann für den Nichtdialektiker nur besagen, daß die Vernunfteinsicht eine bestimmte Reife des Urteils und der Erkenntnisse voraussetzt, ihr zeitliches prius hat. Ist aber einmal die Vernunftwahrheit gefunden, daß alles Wirkliche Gedanke ist, so darf dann eine apriorisch-dialektische Deduktion (vgl. z. B. zur Geschichte d. Phil. W. XIII 43) genügen, die auch vorher möglich gewesen wäre, wenn man jene absolute Definition gekannt hätte. Im allgemeinen erkennt deshalb auch Hegel am Empirismus nur an, daß er Recht darin habe, »das, was ist« erkennen und prüfen zu wollen (vgl. z. B. Enzykl. § 38).
4) Haym, Hegel und seine Zeit, 1857, S. 232 ff.
5) Am ehesten dürfte ich hier mit Sigwart übereinstimmen, vgl. bes. Logik II^3 469 f.
6) Vgl. z. B. Hegel, W. II 47; III 41; Enzykl. § 82.
7) Trendelenburg, Logische Untersuchungen I^3 S. 36 ff., bes. S. 56; Barth, Geschichtsphilosophie Hegels und der Hegelianer S. 8. Vgl. auch die ausführlichen Untersuchungen meines Buches »Das philosophisch-ökonomische System des Marxismus«, 1909, S. 498 ff. Der Marxismus ist, wie ich dort S. 511 ff. gezeigt habe, geradezu ein Schulbeispiel für den im Text aufgezeigten Fehler der Dialektik. Denn durch bloße Analyse des Begriffs des durch seine Widersprüche sich zur Negation bringenden Kapitalismus glaubte Marx die Naturnotwendigkeit des Zukunftsstaates dartun zu können. Nun sind aber abgesehen davon, daß die Widersprüche nur als ethisch gewertete begreifbar sind und diese Immanenz der Teleologie im materialistischen System keinen Ort haben darf, der von Marx gesehene Kapitalismus und der Sozialismus keine kontradiktorischen Gegensätze. Denn dieser Kapitalismus, der keine Sozialpolitik und weder Arbeiter- noch Unternehmerverbände kannte, ist in der Tat zugrunde gegangen, ohne daß deshalb das Gemeineigentum eingeführt worden wäre. Und so wird's auch wohl bleiben. Bei der heutigen Verneinungspolitik der Sozialdemokratie wirkt außer den natürlich im Vordergrunde stehenden parteitaktischen Gründen unzweifelhaft noch der unbestimmte Glaube an die durch Marx überlieferte dialektische Methode mit, die durch bloße Negation ein Positives erreichen zu können glaubt.
8) Hartmann, Die dialektische Methode, 1868. Vgl. seine Zusammenfassung S. 89 ff.
9) Vgl. hierüber mein genanntes Buch S. 409 ff.

Viertes Kapitel.
§ 1.

1) Sigwart bezeichnet als »das tiefste Problem der Philosophie, das Verhältnis der ethischen Prinzipien zu den Grundsätzen der Erkenntnis zu bestimmen«, und glaubt ähnlich Rickert, doch vorsichtiger, daß »das Wollen, dessen Normen die Ethik aufsucht, schon in der Erkenntnis tätig ist und als die treibende Kraft in dem Streben nach Wahrheit und Gewißheit wirkt« (Logik, II, S. 775, 738). Auch Wundt nennt die Logik eine »Ethik des Denkens« (Ethik² S. 7). M. E. ist jedoch nur eine Analogie, aber keine Identität des logischen und ethischen Sollens vorhanden, da die Erfüllung des Urteils in letzter Linie auf ein noch so verwandeltes Gegebene hinweist. Ist dem logischen Sollen der transzendentallogische Beweisgrund genügend, so gewinnt bei den übrigen Wertformen der transzendentalpsychologische Beweisgrund aus dem erlebten Evidenzgefühl als Ergänzung der Analogie an Wichtigkeit.

2) Womit natürlich nicht gesagt ist, daß die Transzendentalpsychologie sich nicht der empirischen bedienen dürfe, um z. B. die Allgemeingültigkeit des sittlichen und ästhetischen Urteils als psychologisches Faktum zu erweisen.

3) Zur Klarlegung des Gesagten diene ein kurzer Hinweis auf die Kategorienlehre, die Windelband unter dem Einflusse Lotzes (Reale und formale Bedeutung des Logischen, Logik², 1880, S. 548 ff.) in seinem Aufsatze: Vom System der Kategorien (Festschrift für Sigwart, 1900, S. 43 ff.) entwickelt. Er unterscheidet »reflexive« und »konstitutive« Kategorien, die Kants formaler und transzendentaler Logik entsprechen. Die Grundfunktion der ersten ist die Unterscheidung, Gleichheit und Verschiedenheit als relative Beziehungen der Aufmerksamkeit (S. 49, 51 f.), die transzendentale Geltung wird konstituiert durch die Kategorie des Seins, in Dinghaftigkeit und Kausalität vorhanden. Der wesentliche Unterschied zu meinen Ausführungen besteht darin, daß ich zu den Formallogischen Identität und Widerspruchslosigkeit rechne, die Windelband erst beim Übergang von der reflexiven zur konstitutiven Schicht als Identität und Veränderung gewinnt. Maßgebend für mich ist dabei der Gedanke, daß auch das Formallogische, da alles Erkennen Urteilen ist, konstitutive Bedeutung hat. Jeder Aufmerksamkeitsvorgang ist erst eine Vorbereitung zu einem Urteil, das nun die von mir genannten Beziehungen voraussetzt. Wenn ich mit Windelband zusammenkomme in der Aufstellung seiner »konstitutiven« Kategorien — ob man dem Sein eine besondere Kategorie zuspricht, ist gleichgültig —, so muß ich doch widersprechen, wenn aus ihnen der Dingbegriff und die Kategorie der Inhärenz als gleichgeordnet abgeleitet wird; spricht doch auch Windelband von der »empirischen Relativität dieser Unterscheidungen«, die zu dem Postulat des absoluten Dings

im Substanz- und Ding-an-sich-Begriff führe (S. 55 ff.). Die Scheidung reiner und empirischer Kategorien ist für das Transzendenzproblem von größter Wichtigkeit. Auf diese Weise wird man auch einem Motiv des Neukantianismus gerecht, der, wie es z. B. Cassirer in seinen großen Werken ausführt, den Substanzbegriff durch den — mathematischen — Funktionsbegriff, den Ding- durch den Gesetzesbegriff beseitigen will. Das Problem der einen Substanz bleibt aber stets übrig, wenn die empirischen Einzelsubstanzen zersetzt sind.

§ 2.

1) In einem soeben erschienenen Buche (Die Logik der Philosophie und die Kategorienlehre) hat Lask Windelbands erwähnte Kategorienlehre weiter zu führen gesucht. Er unterscheidet zunächst das Seiende, das Unseiende oder Geltend-Nichtseiende und das metaphysische Überseiende und will vor allem eine Logik der zweiten Sphäre, der Geltungen, schaffen. Alle bisherige Logik und Kategorienlehre sei nur eine solche des Seins, des Sinnlichen gewesen. Es ist sicher verdienstvoll, eine »Transzendentalphilosophie der Transzendentalphilosophie« zu schaffen, bis zu den letzten Bedingungen des Geltenden vorzudringen, das Problem der »Form der Form der Form« zu lösen. Aber Lask behauptet selbst in häufiger Polemik gegen Hegels Panlogismus, daß allenthalben das Erkennen eines Materials bedarf, das als logisch nackt in die logische Form gegossen wird. So sollen auch die Kategorien selbst wieder Material werden, damit die letzte Form erkannt wird. Dabei werden den übrigens ohne Maßstab der Ableitung gewonnenen Kategorien des Seins, der Substantialität und Kausalität die reflexiven als die universellen gegenübergestellt und im übrigen eine eigentümliche Verknüpfung konstatiert. Unser Text bringt selbst eine ähnliche Dreiteilung und hat im letzten Paragraphen das Transzendentalproblem auszuschöpfen gesucht. Widersprechen muß ich aber, wenn nach Lask die Geltungssphäre eine absolute Selbständigkeit gegenüber dem »Sein« und »Übersein« besitzt. Denn weil gerade nach ihm stets Materie erforderlich ist, so ist Erkenntnis die Einheit des nach ihm getrennten Seienden und Geltenden, erst so kommt die freilich nur phänomenale Erfahrung zustande als Synthesis des Sinnlich-Gegebenen und Transzendentalen, mithin selbst als ein Geltendes. Jede Frage aber nach der Geltung der Geltungen ist m. E. eine metaphysische Frage, die über das »Unsinnlich-Geltende« hinausführt. Die Beseitigung der »Zweiweltentheorie« führt Lask nun selbst später durch (vgl. z. B. S. 40 ff., Polemik gegen Husserl). Sie wird verwandelt in eine »Zweielemententheorie«, nach der nun der zweiten Sphäre nur das »Sinnlich-Bedeutungsfremde« gegenübersteht. Gerade von seinen Voraussetzungen aus hatte Lask keinen Grund, das »Sinnliche« herabzusetzen, das er zwar nicht schelten

will, weil es selbst noch unter dem Gegensatz von Wert und Unwert steht. Wie aber ist es anders möglich, als daß auch alles Sinnliche, dessen Ursprung freilich von ihm nicht angegeben wird (vgl. hierüber spätere Ausführungen), ein Geltendes ist, schon in die autonome Form eingegangen ist, da doch alles Erkennen Urteilen ist! Deshalb hält Lask auch an der Erlebbarkeit eines »logisch Nackten« fest, was ich gleichfalls nicht billigen kann, und konstruiert einen unaufhebbaren Antagonismus zwischen Leben und Erkenntnis. Husserls formalen Idealismus überwindet er mit Recht, obwohl es anderseits wieder möglich ist, gleich ihm über die bloße Logik der Bedeutungen in formalem Sinne zu spekulieren. Auf das Transzendenzproblem ist später zurückzukommen.

2) In diesem einen Punkte stimme ich Külpe bei; vgl. seinen Vortrag »Erkenntnistheorie und Naturwissenschaft«, 1910. Im übrigen verzichtet der Realismus — außer in polemischer Absicht — auf eine selbständige Aufgabe der Philosophie zugunsten der Naturwissenschaften. Dasselbe gilt für Freytag, der in scharfsinniger Auseinandersetzung Realismus und Konszientialismus als gleich konsequente und unwiderlegbare Systeme behauptet und dem ersteren aus praktischen Gründen den Vorzug gibt. In dieser Alternative wird der Phänomenalismus ähnlich kritisiert, wie wir es Hegel folgend getan haben; aber beide übersehen, daß zwischen Idealismus und Empirismus trotzdem ein dritter hier vertretener Standpunkt möglich ist (vgl. Freytag, Der Realismus und das Transzendenzproblem, 1904).

3) Das Letztere richtet sich gegen Croce a. a. O. S. 19 f.; die Dialektik identifiziert zu Unrecht mit dem Entwicklungsgedanken überhaupt Kuno Fischer, Hegel I, S. 219 ff.

4) Die Trennung der Wissenschaften in solche vom »Individuellen« und »Generellen« hat schon Karl Menger in seinen »Untersuchungen zur Methode der Sozialwissenschaften« einzuführen gesucht. Mit Recht entgegnet Dietzel in seinem Meisterwerke »Theoretische Sozialökonomik« (in A. Wagners Handbuch der politischen Ökonomie II 1, S. 74): »Die Wirtschaftsgeschichte kann sich begnügen, eine Wissenschaft vom Individuellen zu sein; wenn sie aber Entwicklungsgesetzen nachgeht und sie gewinnt, so wird sie zu einer Wissenschaft vom Generellen«. Überhaupt enthält Dietzels von Philosophen viel zu wenig gekanntes Werk das Beste, was zur Methodik der Sozialwissenschaften geschrieben worden ist. Das Buch des Rickert-Schülers Stephinger: Zur Methode der Volkswirtschaftslehre (Abhandlungen der Badischen Hochschulen, Bd. IX, Heft 5) halte ich dagegen für vollkommen unfruchtbar. Rickert erkennt freilich »Mittelgebiete« an. Aber es sind diese, wie er wenigstens in den »Grenzen der naturwissenschaftlichen Begriffsbildung« sagt (S. 264 ff., 480 ff.), Zeichen der Unvollkommenheit

beider Wissenschaften, bloße Übergänge und Hilfsbegriffe. Hiergegen ist Front zu machen, vielmehr Rickerts Meinung überall zu suchen, daß die Begriffe des Allgemeinen und Besonderen relativ sind, daß nicht selten eine Kongruenz der generalisierend und der wertbeziehend-historisch gebildeten Begriffsinhalte stattfindet. Wenn die Allgemeinheit dieses Gedankens nicht überall gefunden wird, vielmehr die »quantitative Individualität« der Naturwissenschaften etwas von der historischen Individualität total verschiedenes sein soll (vgl. zu letzterem Natur- und Kulturwissenschaften² S. 111 ff., 120 ff.), so liegt diese Ansicht, die zugleich eine Zerreißung des Stoffes (z. B. in Geschichte und Soziologie) bedingt, an dem Ausgangspunkt, den wir schon verworfen haben, nämlich als wirklich nur die gegebene Erfahrung anzusehen und in allem Rationalen eine Umformung des Wirklichen zu sehen. Wäre das Reale der Naturwissenschaften nur eine Fiktion, so würde der Wissenschaft ihr Gegenstand gerade durch die eigene Bemühung auf immer entgehen.

5) Wenn Riehl gegen Rickert eingewendet hat, daß der Historiker die Auswahl seines Stoffes nicht durch Wertbeziehung zu erreichen brauche, da sie ihm durch die »historische Wirksamkeit« gegeben sei (Systematische Philosophie in der »Kultur der Gegenwart« S. 101), so trifft dies allerdings Rickerts Position (vgl. seine Verteidigung Natur- und Kulturw, S. 96 ff.), abgesehen davon, daß er noch immer Recht hätte, den übrigens niemals wertindifferenten Stoff der Kultur (handelt es sich doch auch in dem historisch Unbedeutenden stets um Geltungen) als eine bloß kausal nicht verständliche Tatsächlichkeit zu erkennen. Rickerts Schwäche liegt darin, daß er durch seine scharfe Trennung der Wertbeziehung und Wertbeurteilung, die freilich nicht, wie Riehl a. a. O. meint, denselben unteilbaren Urteilsakt bilden, das alte Prinzip der immanenten Teleologie nachklingen läßt. Es ist erstens garnicht wahr, daß der Historiker es nur mit dem historischen »Zentrum« des Kulturlebens, dem zu seiner Zeit kausal »Wirksamen« zu tun habe; er hat vielmehr alles darzustellen, was an Bedeutungsgehalt in einer Periode entstanden ist, wo es vielleicht selbst gar nicht gewirkt hat, ja auch das, was überhaupt noch keine geschichtlich wesentlichen Wirkungen gesetzt hat. Und zweitens kann man die Tragweite eines historischen Vorgangs garnicht würdigen, wenn man nicht sachlich zu ihm Stellung nimmt. Die Darstellung z. B. der Reformation oder der Kantischen Philosophie ist nicht nur psychologisch, sondern auch erkenntnistheoretisch durch die »Vorurteile« des Verfassers bestimmt. Eine Geschichte der Philosophie ist soweit objektiv richtig, als das zugrunde liegende System des Autors; darin stimme ich ganz mit dem überein, was Cohen im Vorwort zur ersten Auflage von »Kants Theorie der Erfahrung« und Nelson im Vorwort seiner später zu kritisierenden Schrift »Über das sogen. Erkenntnisproblem« sagen.

Da das Allgemeine und Besondere nicht durch verschiedene Wegerichtungen getrennt, sondern stets unauflöslich zusammen ist, so kann ich auch — gegen Rickert — weder der absoluten Trennung der Soziologie von der Geschichte noch der totalen Wertlosigkeit der naturwissenschaftlichen Psychologie für die Geschichte zustimmen. Ersteres bietet nur ein Problem der zweckmäßigsten Arbeitsteilung, die wohl eine allgemeine Gesellschaftslehre von dem dann in engerem Sinne Historischen abheben läßt, trotzdem aber beide eng aufeinander anweist. Klarer würde es freilich sein, mit Simmel unter Soziologie die Einzelwissenschaft der Form der Vergesellschaftung zu verstehen (Soziologie, 1908, bes. S. 5 ff.). Sicher wird die Meinung allgemeiner geteilt sein, daß die experimentelle Methode der heutigen Psychologie, die freilich nicht allein Psychophysik ist, die Tiefen des Seelenlebens nicht erschließen kann; wahrscheinlich ist, daß sie stets an der Oberfläche bleiben muß. Doch darf gerade der Transzendentalphilosoph nicht vergessen, daß auch die Werterlebnisse entstehen und daher mit allen genetischen Methoden bearbeitet werden können; im übrigen wird er sich abwartend verhalten und das Programm einer nicht naturgesetzlich erklärenden, sondern »beschreibenden und zergliedernden« (Dilthey) oder »historischen« Psychologie wenigstens für möglich halten. Vielleicht ist es gestattet, hier einen Gegensatz von Form und Inhalt aufzustellen, vorausgesetzt, daß man ihn in diesem Sinne als einen relativen, der Übergänge gestattet, von vornherein zugesteht. Die erste Art der Psychologie hat es dann mit der Form, der allgemeinsten Daseinsweise der Seele zu tun, z. B. mit den Empfindungen, den Assoziationsgesetzen, während die zweite die seelischen Inhalte jenseits dieser Form begreift, insbesondere die in den Assoziationen sich vollziehenden sachlichen Erlebnisse, und dadurch von der Geschichte selbst sich nur so unterscheidet, daß sie aus ihr typische Verhaltungsweisen herausschält, eine Aufgabe also stellt, die zugleich die ungeheure Schwierigkeit, wenn nicht Unmöglichkeit, einer Systematik dartut. Dann entspricht die naturwissenschaftliche Psychologie zugleich der Soziologie, die zum Unterschied von einer Lehre der Form des Individuallebens soviel ist wie Sozialpsychologie oder Lehre von der Form des Sozialseins. Was man heute unter Sozialpsychologie, in der Schule Wundts Völkerpsychologie genannt, versteht, ist im Grunde Geschichte und nur aus technischen Gründen der Arbeitsteilung zu einer Abtrennung berechtigt. Doch sei noch einmal betont, daß der so aufgestellte Gegensatz ein relativer ist. Beide Arten der Psychologie sind wieder zu trennen von der oben genannten Transzendentalpsychologie, die sich dagegen wohl der empirischen bedienen darf. Diese Psychologie hat überhaupt nur einleitende Bedeutung, die überempirischen Voraussetzungen der Erfahrung festzustellen. Wieder auf einem andern Blatt steht die Metaphysik. Hier sollte es sich eigentlich von selbst verstehen, daß die psychologische und spekulative Methode — z. B. in der Ästhetik — sich nicht ausschließen, sondern sich gegenseitig ergänzen, indem die eine den tatsächlichen Befund, die andere seine allgemeinste Bedeutung ertorscht.

6) Hegel, Philosophie der Geschichte (Recl.), S. 42 f.
7) Hegel, Phänomenologie, W. II 224, 236 f.
8) Hegel, Logik des Wesens, W. IV 230; Wundt, Logik², II 267 ff.
9) Simmel, Soziologie, S. 612; vgl. S. 248 f.
10) Hegel, W. 10 I 127, XII 279.
11) Jellinek, Die sozialethische Bedeutung von Recht, Unrecht und Strafe, 1878, S. 42. An dieser Stelle sei kurz darauf eingegangen, was Kohler (Lehrbuch der Rechtsphilosophie, S. 12 ff.) und Berolzheimer (System der Rechts- und Wirtschaftsphilosophie) unter »Neuhegelianismus« verstehen. Diese angebliche Überwindung des Historismus und einer allgemeinen Rechtslehre läuft in Wahrheit darauf hinaus, die Fehler Hegels zu erneuern, nämlich die Dualität der dogmatischen und soziologischen Betrachtung des Rechts zu leugnen, und weil ein Sollen abgelehnt wird, das Recht ausschließlich als integrierenden Teil der vernünftigen Kulturentwicklung zu betrachten. Damit ist aber der Historismus wieder eingeführt, den man nur durch Aufstellung von Maßstäben (freilich nicht in der absolut formalistischen Weise Stammlers) besiegen kann. Vgl. auch die kurze programmatische Erklärung von Berolzheimer im »Archiv für Rechts- und Wirtschaftsphilosophie«, 1909, Heft III, S. 31 ff. Hiernach ist die Methode der Rechtsphilosophie die Universalgeschichte!
12) Hegel, W. II 286—93; Philos. der Gesch. (Recl.) S. 111.
13) Der im Text ausgeführte Gedanke überbrückt den Gegensatz, der heute zwischen Stammlers Lehre von der äußeren Regelung als Konstituante der Gesellschaft und zwischen Rickerts Geschichtsphilosophie besteht, indem er das Normative schlechthin als Voraussetzung des Sozialseins ansieht; dadurch ist ferner nicht nur der Konflikt zwischen Individuum und Gesellschaft in einer höheren Einheit aufgehoben, sondern auch der von Simmel als letzter Gegensatz belassene Dualismus zwischen Individuum und Menschheit. Auch seine Ausführungen in dem Abschnitt: Wie ist Gesellschaft möglich? verraten eine Auffassung, die dem Individuum eine viel zu große Selbständigkeit zuschreibt. Seine soziale Form gebührt, weil sein kultureller Inhalt in ihn einmündet, nur a potiori getrennt werden kann, stets dem Überindividuellen. Vgl. Soziologie S. 773 ff., 27 ff.

§ 3.
1) Vgl. z. B. Hegel, Enzykl. § 10.
2) Nelsons Buch »Über das sogen. Erkenntnisproblem« (Abhandlungen der Friesschen Schule II. Bd., Heft 4, S. 415 ff.) geht in der Behauptung der Unmöglichkeit der Erkenntnistheorie weit über die von Hegel und die im Text ausgeführte Ansicht hinaus. Danach sollen nämlich alle metaphysischen Sätze nur regressiv als mit innerer Evidenz ausgestattete Tatsachen der Psyche aufgezeigt werden, wobei man sich des Eindrucks nicht erwehren kann, daß die Resultate dieser »unmittelbaren nicht anschaulichen Erkenntnis« allzu sehr in der Luft schweben. Wenn Nelson Kant vorwirft, einen Zirkel begangen zu haben, insofern er die Gültigkeit synthetischer Urteile apriori in der reinen Naturwissenschaft voraussetze und dann als Bedingungen möglicher Erfahrung die Kategorien ableite, um hieraus wieder die Geltung der reinen Naturwissenschaft zu beweisen, so trifft diese Polemik Kants Beweisführung deshalb nicht, weil er die Kategorien durch die Verbindung mit der Urteilstafel herstellt. Und ferner kann man einwenden, daß sein Verfahren sich stützt auf das dem Leser freilich überlassene Experiment, die Unvollziehbarkeit einer z. B. nicht kausalen Erfahrung in sich zu erleben. Im übrigen geht uns diese Frage nichts an, da wir ja nach früheren Argumenten die reine Naturwissenschaft leugnen, während die reine Mathematik als Teil der Logik selbstverständlich apriori ist. Aber ein richtiger Kern steckt in Nelsons Ausführungen. Ich gebe auch gerne zu, daß die reinen Transzendentalisten irren, die die Apriorität unbedingt wieder apriori ableiten wollen. Unter der Gefahr eines unendlichen Regresses, von dem Nelson beständig spricht, kommt man nicht über erlebte Denknotwendigkeiten hinweg, die freilich eine Unsicherheit des Kategorialen erzeugen können. Doch bedenke man, daß die reinen Kategorien nur zur Bestätigung den Beweis aus dem notwendigen Denkerlebnis nehmen, daß sie gleich Kants Ableitung zuerst aus dem Urteilsbestande gewonnen sind. Erst so entgeht man der Skepsis, indem vom Formallogischen zum Transzendentallogischen fortgeschritten wird; und erst, wenn jemand z. B. das Erlebnis der Widerspruchslosigkeit als Bedingung eines gültigen Urteils leugnet, ist an Stelle des Beweises das »Aufweisen« getreten. Abgesehen hiervon kann ich nur das im Text Ausgeführte Nelson zugestehen, und darin steckt etwas absolut Neues gar nicht. Hegel kann uns übrigens, wie die Gemeinsamkeit in diesem Punkte anzeigt, seinen Anhängern gegenüber aber noch ausdrücklich festgestellt werden soll, an dieser Stelle auch nicht helfen. Denn seine Ableitung der Kategorien ist deshalb nicht rein apriori, weil man zugestandenermaßen in das System erst durch die »Phänomenologie« hineinkommt, die ersichtlich nur mit dem Begriff des Erlebens arbeitet. Seine häufige starke Polemik gegen

einen psychologischen oder anthropologischen Standpunkt ist deshalb nicht gerechtfertigt, wie denn überhaupt nach dieser Richtung eine Antithese zwischen Hegel und Fries gar nicht besteht. Beiden gegenüber halte ich — trotz aller Differenzen in der Ableitung selbst — an der Methode Kants fest, obwohl ich den Ausgangspunkt beider anerkenne und sogar aus ihm wichtige über Kant hinausführende Folgerungen ziehe.

Nelson, der in der Tatsache des Gesetzes kein Problem erkennen will, beweist dadurch, daß er den Grundgedanken der Transzendentalphilosophie, strenge Notwendigkeit und Allgemeingültigkeit könne nicht empirisch sein, nicht in seiner Tragweite erkennt, deshalb zu so problematischen Ergebnissen gelangt und das Wesentliche des von Fichte bis Hegel entwickelten Idealismus, das Prinzip der Geltungssphäre und des Selbstbewußtseins, mißversteht. Wenn er sagt, das von Kant benutzte Kriterium der Apriorität könne in der Theorie der Vernunft nicht zugelassen werden, da sich durch innere Beobachtung nur der Anspruch eines Urteils auf Allgemeinheit und Notwendigkeit feststellen ließe (S. 747), so fällt ein solcher Einwand fort, wenn man Nelson entgegen Erkennen und Urteilen gleichsetzt. Noch sei ein Kurzes über seine Ideenlehre gesagt. Er behauptet im Anschluß an Fries' »Neue Kritik der Vernunft«: »Wir können uns der positiven Grundvorstellung der objektiven synthetischen Einheit, sowie sie unmittelbar der reinen Vernunft angehört, nur unter der Form einer doppelten Verneinung bewußt werden, indem wir die Schranken, an die der positive Gebrauch der Kategorien in der Erfahrung gebunden ist, nämlich Unvollendbarkeit und Stetigkeit aufgehoben denken« (S. 764, ebenso Fries, Wissen, Glauben und Ahndung, S. 122). Aber ist hiermit auch nur annähernd der Monismus der Fichte folgenden Metaphysiker erreicht? Nelson behauptet: »Es wird nicht eine Welt des Übersinnlichen neben oder über die Welt der Erfahrung gestellt, sondern es ist eine und dieselbe Welt der Gegenstände der Sinne, die wir das eine Mal positiv unter Naturgesetzen erkennen und das andere Mal negativ durch Ideen denken« (S. 766). Hierbei bleibt problematisch, weshalb die Immanenz der Ideen doch eine positive Erkenntnis der Dinge-an-sich ausschließt; und sehen wir bei Fries selbst zu, so finden wir auch eine beständige Hinneigung zum alten Dualismus. Er sagt nämlich ausdrücklich, daß jeder Charakter, der sich selbst zur Erscheinung wird, für den es eine endliche Welt und Natur gibt, notwendig böse ist, daß der Mensch sein endliches Dasein als Strafe anzusehen hat (a. a. O. S. 296, 324). Deshalb bleibt Fries' Ethik gleich der Kants überwiegend formalistisch, und nur zögernd nähert er sich der kulturphilosophischen Ethik der Vernunftmetaphysiker, indem er als Endziel bald die Rechtsgleichheit, bald das Reich der Zwecke, das Reich Gottes auf Erden und die Ausbildung der Vernunft und Kultur angibt (vgl. bes. a. a. O. S. 114, 169 f., 267 f., 271, 308).

3) Goethe, Gespräche mit Eckermann (Reclam) I, S. 219.

4) Wenn nach Kant die Kategorien zweifellos nur auf Erfahrung angewandt werden können, so vergißt man darüber leicht seine andere Meinung, daß der reine Verstand, obwohl nur in der leeren Vorstellung des Etwas, über die Erfahrung hinausreicht. Kant sagt: »Die reinen Verstandesbegriffe sind von dieser Einschränkung frei und erstrecken sich auf Gegenstände der Anschauung überhaupt, sie mag der unsrigen ähnlich sein oder nicht, wenn sie nur sinnlich und nicht intellektuell ist« (Kritik der reinen Vernunft, 2. Aufl., S. 148). Hiernach reichen die Kategorien für alles »Gegebene« aus und fallen nur fort für den Verstand, der der intellektuellen Anschauung teilhaftig ist, d. h. der die Gegenstände durch sein Denken schlechthin erzeugt. Ist aber der transzendente Gegenstand, was Kant bestreitet, irgendwie gegeben, wie unser Text sofort entwickelt, so würde er selbst nicht gezögert haben, auf ihn die Kategorien anzuwenden. Und daß das Ding-an-sich gegeben ist, liegt schon für uns in der Behauptung seiner Existenz; insofern ist auch das bloße Denken bereits Erkennen, so daß es ja von Kant selbst durch die Kategorie der Substanz gewonnen worden ist. Hier kann sich die Erkenntnis nicht selbst wieder Problem werden, es sei denn, daß man zum Skeptiker wird, was wir früher gleichfalls als widerspruchsvoll dartaten. Ist aber die absolute Geltung des reinen Denkens in einem Punkte anerkannt, so fragt sich nun, ob wir nicht wenigstens hypothetisch weiterkommen.

Schwerer ist ein anderer Einwand zu widerlegen. Man kann nämlich entgegenhalten, gerade von meinen Voraussetzungen sei das Transzendente ebenso bestimmbar wie das Empirische. Sein Sein bedeute sein Gelten und deshalb sei es wenigstens der Anlage nach Vernunft. Und darin anschließend wird man vielleicht weitergehen und sagen, daß ich nur durch Inkonsequenz einen von der Geltung des Subjekts unabhängigen Gegenstand annehme, nur durch Halbheit dem reinen Rationalismus ausweiche. Hiergegen hilft nur der Immanenzstandpunkt Kants. Die Vernunft ist deshalb nur im Empirischen, weil sie aus dem X das Empirische ja erst schafft als das gewertete Einmalige. Der transzendente Gegenstand ist aber, obwohl vom Subjekt gesetzt, doch ein Grenzbegriff, unabhängig von aller Setzung gedacht. Daß das Denken hier ein von ihm Unabhängiges wiederholt, ist ein Widerspruch nur dann, wenn man, wie der Phänomenalismus es tut, jede Aussage über das Etwas verweigert. Hier erhalten wir ein zunächst ganz leeres Bild, das nun vielleicht das reine Denken mit der zur Erkenntnis erforderten Anschauung versieht.

5) Fries setzt das Wesen des Vernunftglaubens allein in die

»Kombination für ästhetische Ideen und die Negation für logische Ideen« (a. a. O. S. 122). Ich halte es für zweckmäßiger, die Kunst hier zunächst noch aus dem Spiel zu lassen, da sie reinen Erlebnischarakter und keinerlei Rationales enthält; die zweite Bestimmung erinnert an Hegels Aufhebung der Verstandeslogik. Und darin bin ich mit Fries ganz einverstanden, auch daß diese Grenze nur durch den Vernunftglauben überschreitbar ist. In der Lobpreisung der Vernunft und der Idee, von der alles Hohe und Edle kommt, stimmt Fries ganz mit Hegel überein; vgl. z. B. a. a. O. S. 124 ff.

6) Vgl. z. B. Mikrokosmos III 364, 485 f.; Lotze spricht deshalb von »einer beständigen Mitwirkung Gottes«. In dem Fortschreiten zur Metaphysik unterscheidet er sich mit Recht von dem Standpunkt Windelbands und Rickerts, so sehr er mit ihnen übereinstimmt, in bezug auf das Problem des Empirischen das phänomenal Seiende nicht durch den Geltungscharakter als bestimmbar zu behaupten; z. B. als der Anlage nach Vernunft enthaltend, wie wir oben auseinandersetzten. Deshalb ist auch Lotzes Geschichtsphilosophie trotz einiger mystischer Zutaten (z. B. a. a. O. S. 51) allzu empirisch.

Das Erfreulichste an dem schon früher erwähnten Buche von Lask ist das unumwundene Zugeständnis, daß die Logik der Geltungssphäre nicht an Stelle der Metaphysik treten kann. Sehr richtig behauptet er die Geltung der Kategorien auch für das »Überseiende« und trennt hiervon wie wir im Texte die inhaltliche Bestimmbarkeit. Die Möglichkeit einer Erkennbarkeit leugnet jedoch Lask und arbeitet hier allein mit dem mystischen Standpunkt eines Erlebnisses (S. 126 ff.), indem er aufs schärfste gegen den Vernunftglauben als »Unbegriff eines praktischen Erkennens« (S. 261) zu Felde zieht. Lasks Angriff trifft ihn allerdings in der Fassung Kants, der ihm jedes Rationale abstreitet (vgl. bes. Krit. d. Urteilskr § 90), während wir ihn als Hypothese mit den auch keine Verifikation zulassenden höchsten Hypothesen der Einzelwissenschaften durchaus gleichsetzen. Auch Lasks Standpunkt bleibt deshalb Agnostizismus wie der Windelbands und Rickerts, so sehr er sich von ihnen mit Recht durch die Anerkennung der über die Erfahrung hinausreichenden Geltung der Kategorien und überhaupt durch das mutige Angreifen des metaphysischen Problems unterscheidet. Daß er das als »Urmaterial« koordinierte »Sein« und »Übersein« so ,verschieden behandelt, hängt damit zusammen, daß keinesfalls das Übersinnliche Grund des Sinnlichen sein soll (S. 232), wie ich ohne Bedenken im Text angenommen habe. Mir scheint der Gedanke, das Transzendente in der erläuterten Weise mit der Entstehung der Empfindungen zusammenzubringen, ganz natürlich, obwohl die Marburger sogar eine solche Interpretation bei Kant als Beweis eines schwachsinnigen Kopfes ansehen. Nur bei solcher Voraussetzung und Aufstellung der weiteren Frage, ob Subjekt und Objekt durch ihre transzendenten Substrate identisch sind, ist die Überwindung jedes Dualismus zum Pantheismus erreichbar.

7) Hegel, W. XI S. 129. Wenn Hegel sich ausdrücklich auf Meister Eckehard beruft (S. 149), so heißt dies an dieser Stelle, daß Gott nur im Menschen zum Selbstbewußtsein gelangt, was mit dem in der Logik erhaltenen Resultat streitet. Vgl. auch S. 122: Ohne Welt ist Gott nicht Gott.

8) Diese letzte Behauptung unterscheidet sich also radikal von dem S. 45 f. Ausgeführten. — Man wendet jetzt vielleicht ein, daß die wenn auch auf andere Weise abgeleitete Annahme von Hegels Definition des Absoluten mich selbst zu seinem reinen Apriorismus zurückführen müsse. Dieses Argument ist falsch, weil ich die Dialektik dem Menschen abspreche. Offenbar steht es in inniger Wechselbeziehung, wenn wir dem Begriffe eines uns verschlossenen höheren Denkens nur eine Möglichkeit eröffnen und das Absolute nur hypothetisch als Geist bestimmen können.

9) Die Stärke des liberalen (besser des modernen oder wahren) Christusbildes liegt viel mehr als seine Anhänger heute wissen, in metaphysischen Ideen, besonders auch in der Interpretation des späteren Fichte; vgl. besonders »Grundzüge des gegenwärtigen Zeitalters«, W. VII 185 ff.; »Über das Verhältnis des Urstaates zum Vernunftreich«, W. IV 521, 531 ff. Ferner vgl. Schellings historische Konstruktion des Christentums »Methode des akademischen Studiums« I, V 287. Beide verkünden das pantheistische Johannisevangelium (Schelling besonders auch in seiner »positiven« Jhase). Wenn es sich auch durch die Bibelforschung als später enthüllt hat und sein spekulativer Charakter im Widerspruch zu der schlichten Lehre der übrigen Evangelien steht, so ist m. E. nach den im Text ausgeführten Gedanken das Wichtigste der Übergang, zu begreifen nämlich, wie sich die Logoslehre an Christi Gottesbewußtsein anknüpfen konnte und mußte. Es ist zu hoffen, daß mit der allgemeinen Wiederaufnahme des klassischen Idealismus auch die oben genannten Schriften wieder bekannt werden, wozu ich hier — besonders in religionsphilosophischer Hinsicht — eine Anregung geben möchte. Der im Text zuletzte zitierte Satz: Theologische Jugendschriften S. 45. Zur transzendentalen Begründung der Religion würde ich gern die Schriften Troeltschs anführen, wenn er nicht in einem Ende Februar dieses Jahres in Bonn gehaltenen Vortrage ausdrücklich — trotz Bestreitung in der Diskussion — erklärt hätte, Religion und Christentum seien nur Sache des Gefühls, der persönlichen Überzeugung, ohne jeden Allgemeinheitscharakter.

§ 4.

1) Für Hartmann war eine solche Untersuchung deshalb notwendig, weil für ihn das Ziel der Weltverneinung nur möglich war, wenn die Wahrheit des Bewußten in der Menscheit ist, was er durch naturwissenschaftliche Erkenntnisse bejahen zu können vermeinte (Philosophie des Unbewußten[11], II 401 f., 405 f.). Eine Identität des Subjekts und Objekts, insofern beide verschiedene Formen derselben Kraft seien, nahm übrigens auch Spencer an, der deshalb sogar in der primitivsten Religion einen Kern von Wahrheit anerkannte; wenn er zudem das Unerkennbare als »die unendliche und ewige Energie« bezeichnet, so hat auch er den Agnostizismus verlassen (vgl. System der synthetischen Philosophie, übersetzt von Vetter, Bd. IX; Prinzipien der Soziologie, Bd. IV, S. 194, 196, 201).

2) Dieses »Eine« steht als unsagbar jenseits des früher erwähnten Gegensatzes zwischen Einheit und Vielheit; Dialektik ist hier nur insofern vorhanden, als das Eine mit dem Absoluten zusammenfällt, also auch der S. 54 erwähnten Antinomie untersteht. In der bewußten Erfassung des Einen vermag auch der Mensch, der ja ein Glied des Etwas ist, zur Zeitlosigkeit und insofern zur Unsterblichkeit und Seligkeit hinanzusteigen. Das Hauptereignis der geistesgeschichtlichen Entwicklung besteht demnach darin, daß der Neuplatonismus, der in der Überwindung des platonisch-aristotelischen Dualismus den Pantheismus theoretisch begründet, zusammentrifft mit dem erlebten Gottesbewußtsein Christi, das in seinem tiefsten Verständnis durch die Mystiker sofort zur gleichen Weltanschauung führte. Der logische Entwicklungsgedanke der früheren Stufentheorie muß nun heute in einen allgemein realen verwandelt werden, wobei das Reale jedoch selbst wieder zeitlos ist. Wie verhält sich diese Meinung zu der Hegels? Die Entwicklung Gottes in der Logik ist gewiß zeitlos, und man ist dann vielleicht auch geneigt zu sagen, daß der Akt, in dem der endliche Verstand unendliche Vernunft wird, im Sinne der alten Mystik außerhalb aller Zeit fällt. Nun ist aber doch nach Hegels immer wieder betonter Ansicht das Thema der Weltgeschichte die Vermählung der Substanz mit dem Selbstbewußtsein. Das metaphysische Ziel steckt also als immanente Vernunft in dem überindividuellen Zusammenhang des zeitlichen Geschehens, muß also seine metaphysische Bedeutung einschließen. Unsere Meinung stimmt jedoch mit Hegel überein dadurch, daß wir die Geltung des Geschehens selbst wieder als ein Zeitloses bezeichneten, und dann würden wir uns von ihm nur dadurch unterscheiden, daß diese letzte aller möglichen Fragen, die nach dem Etwas überhaupt, das Hegel entgegen dem Versuch eines totalen Rationalismus doch schließlich auch voraussetzen muß, für uns schlechterdings und total irrational ist. Mit dieser Einschränkung kann ich meine eigene Auffassung in den Worten Hegels wiederfinden: »Nicht in der Zeit entsteht und ver-

geht alles, sondern die Zeit selbst ist dies Werden, Entstehen und Vergehen, das seiende Abstrahieren, das alles gebärende und seine Geburten zerstörende Chronos .... Der Begriff aber, in seiner frei für sich existierenden Identität mit sich, Ich = Ich, ist an und für sich die absolute Negativität und Freiheit, die Zeit daher nicht seine Macht, noch ist er in der Zeit und ein Zeitliches, sondern er ist vielmehr die Macht der Zeit, als welche nur diese Negativität als Äußerlichkeit ist. Nur das Natürliche ist darum der Zeit untertan, insofern es endlich ist; das Wahre dagegen, die Idee, der Geist, ist ewig. Der Begriff der Ewigkeit muß aber nicht negativ so gefaßt werden als die Abstraktion von der Zeit, daß sie außerhalb derselben gleichsam existierte; ohnehin nicht in dem Sinne, als ob die Ewigkeit nach der Zeit komme« (Enzykl. § 258). Es gibt kein Jenseits im orthodox-christlichen Sinne und keine Individualunsterblichkeit, die nur der Egoismus des fälschlich für sich gedachten Menschen erfunden hat. Die letzte Rechtfertigung dieses Gedankens durch Kant, dessen »praktische Vernunft« ich ablehne, geht vom Individualismus aus, der zur intelligiblen Willensfreiheit gesteigert ist. Da diese nicht existiert, so entfällt auch das für Kant grundlegende Motiv der Gerechtigkeit, und deshalb ist, was der einzelne erreichen kann, zuletzt Sache der Gnade. Die Lösung der Kantischen Antinomien kann jetzt dem Leser überlassen werden; an ihre Stelle tritt die objektive Dialektik des Einen, die in der historischen Vernunft als ein Etwas, das ebenso unbegreiflich ist wie das Eine selbst, sich so spiegelt, daß sein Ziel notwendig ist und doch seine Erfüllung seinen wie auch des Menschen Sinn überflüssig machen würde. — Die im Text zuletzt angeführten Zitate bei Hegel, Philos. d. Gesch. (Reclam) S. 125; Droysen, Grundriß d. Historik[2], 1875, S. 8; Münsterberg, Philosophie d. Werte S. 158 ff. Rickert wendet gegen die Transzendenz der Zeit ein: »Die Transzendenz des Wertes bedeutet gerade seine zeitlose Geltung, und nur eine zeitlose Realität also könnte der metaphysische Träger zeitloser Werte sein, niemals aber kann man, um eine notwendige Verbindung der geschichtlichen Entwicklung mit den zeitlosen Werten herzustellen, die Geltung der Werte auf ein in der Zeit ablaufendes metaphysisches Sein gründen« (Geschichtsph. a. a. O. S. 132). Dieser Einwand ist beseitigt, weil wir das Gelten der in der Zeit vorhandenen Transzendenz als ein zeitloses Etwas fassen. Wenn Külpe Kant tadelt, weil er die bloße Subjektivität von Raum und Zeit behaupte, dies aber doch gerade vom phänomenalistischen Standpunkt aus nicht entscheiden könne, da die Möglichkeit einer Gleichartigkeit mit der Transzendenz offen bleiben müsse, so ist hiergegen zu sagen, daß zunächst das Präformationssystem unwahrscheinlich ist, da ja doch wohl das Ding-an-sich durch die Formung den Bedingungen der Subjektivität adäquat gemacht wird; es müssen sehr positive Gründe sein, die außerhalb der empirischen Objektivität stehen müssen und dann freilich erlauben, die transzendente Realität zu behaupten (Külpe, Immanuel Kant in Natur- und Geisteswelt² S. 83).

§ 5.

1) Die Belegstellen für die vorgetragene Nietzsche-Interpretation findet der Leser in meinem Aufsatze: Nietzsche und die soziale Frage, Archiv für Sozialwissenschaft, herausgegeben von Jaffé, Bd. XXXI, Heft 3, S. 779 ff. Hier suchte ich zu zeigen, daß eine vierte hegelianisierende Phase Nietzsches angenommen werden muß, die unmittelbar vor dem geistigen Zusammenbruch liegt (vgl. besonders Werke XV 422—35), daß der Philosoph ferner selbst sein Klassenideal verläßt, aus dem Ständeausgleich eine »Rangordnung der Individuen« erhofft und deshalb mit dem aristokratischen Sozialismus zusammentrifft. Über die Anknüpfung der biologischen Problemstellung an Goethe vgl. Vorwort zu der Schrift »Vom Nutzen und Nachteil der Historie für das Leben«, über die Wiederholung des Ewigkeitsgedankens W. I 379, XII 66 f., zur pluralistischen Willensmetaphysik besonders W. XV 323. Über Rousseau vgl. die Schrift: »Ob die Wiederherstellung der Wissenschaften und Künste etwas zur Läuterung der Sitten beigetragen hat? Übersetzt Leipzig 1752 R. beklagt neben der Untergrabung der Rechtschaffenheit und Einfachheit auch wie Nietzsche die Abnahme der kriegerischen Tugend, der dem Wissen antagonistischen Tat a. a. O. S. 43 ff., 35; Herder, Ideen zur Philosophie der Geschichte der Menschheit, Vorrede; Goethe, Gespräche mit Eckermann, III 28, 173—79, 185. Übrigens ist besonders interessant, daß auch Hegel vielfach zu demselben Ergebnis gelangt wie diese Männer, nur nicht auf Grund biologischer, sondern dialektischer Erwägungen und außerdem mit entgegengesetzter Stellungnahme. Auch er teilt die von Nietzsche in der zweiten Phase gewonnene Einsicht, daß die Erkenntnis »Die Abendröte der Kunst« bedeute (vgl. W. II 207 f., 200 f.; Hegel' W. 10 I 14 f.); nur bleibt Hegel bei der von Nietzsche alsbald verworfenen Wertung stehen, da nach ihm die Philosophie als erreichte absolute Wahrheit höher steht als die das Absolute nur im Sinnlichen darstellende Kunst. Eine ähnliche Parallele läßt sich für die Religion ziehen, die nach Hegel als eine in Symbolen sprechende, auf das Verständnis aller zugespitzte Metaphysik durch den höheren Standort der Philosophie gleichfalls überwunden ist. In der positivistischen Phase läßt Nietzsche die Religion dem Intellekt zum Opfer fallen, während sich in der späteren Entwicklung zahlreiche Ansätze finden, das neue Ideal als Religion zu verkünden. Beide Begründungsversuche des Antagonismus als einer unbedingten und sachlichen Notwendigkeit kann ich nicht anerkennen, auch nicht für die Religion, die den philosophischen Standpunkt durch die gemein-

*

schaftliche (zuletzt stumme) Verehrung des Einen ergänzt. Vgl. auch die Beurteilung des Sokrates. In fast denselben Worten, mit denen Nietzsche den Begründer der wissenschaftlichen Methode stets schmäht, hat auch Hegel in seiner »Philosophie der Geschichte« Sokrates als den Verderber der auf der »substantiellen Sittlichkeit« begründeten griechischen Kultur bezeichnet; aber für ihn war er deshalb ein Vorläufer der neuen Stufe selbstbewußter Innerlichkeit, die schließlich im Christentum wirklich geworden ist. In ihm bekämpft Nietzsche nicht sowohl die verlangten Tugenden selbst — auch er erkennt z. B. gültiges Mitleid und gültige Demut, soweit sie aus der Stärke stammen, an — als vielmehr das angebliche Motiv der Müdigkeit und des Ressentiments; hier ist Hegels Interpretation der christlichen als einer heldenhaften, ja revolutionären Gesinnung überlegen, obwohl nicht bestritten werden soll, daß auch die von Nietzsche angegebenen Motive historisch eine Rolle gespielt haben. Im ganzen ist aber seine Polemik ein Mißverständniß, und auch das Wertvolle der neuen biologischen Ethik läßt sich zwanglos der freilich immanent gedeuteten alten Religion ein- und unterordnen.

§ 6.

1) Vgl. hierüber die Zitate bei Rosenkranz, Hegels Leben, S. 88 ff., Hegel, W. 19 I 27 (Brief an Schelling). Über das Tatproblem W. II 242, 346; XIII 13, 16; XIV 5 f. Vgl. meinen Anm. 4 zur Einleitung zitierten Aufsatz S. 45—48. Es ist deshalb ganz falsch, wenn Windelband in seiner Rede über »Die Erneuerung des Hegelianismus« Hegel gegen eine Philosophie der Tat ausspielen will.

2) Hegel, W. 19 I 321 (aus dem Sommer 1811).

Namenregister.

B.
Barth, P., 30, 75.
Becher 16.
Berolzheimer 81.

C.
Cassirer 73, 77.
Cohen 13, 73, 79, 85.
Croce 22 f., 74, 78.

D.
Dietzel 78.
Dilthey 80.
Droysen 88.

E.
Ebbinghaus, J., 23, 26 f., 74 f.

F.
Fechner, 60.
Feuerbach 72.
Fichte 2, 6 f., 12, 18, 47, 56, 67, 72, 86.
Fischer, K., 78.
Foerster 2, 72.
Freytag 16, 78.
Fries 22, 52 f., 82—85.

G.
Goethe 43, 52, 64, 67, 84, 89.

H.
Hartmann 30, 60, 75, 86 f.
Haym 29, 75.
Hegel passim.
Herbart 39.
Herder 67, 89.

Hotho 2, 72.
Husserl 16, 18—20, 36, 74, 77.

J.
Jellinek 48, 81.

K.
Kant passim.
Kohler 81.
Külpe 16, 78, 88.

L.
Lask 77 f., 85.
Leibniz 38.
Lotze 16, 20, 53, 74, 76, 85.

M.
Mach 16.
Marx 32, 75.
Menger, K., 78.
Münsterberg 16—18, 20, 36, 74, 88.

N.
Natorp 73.
Nelson 52, 79, 82 f.
Neuplatoniker 64, 87.
Newton 40.
Nietzsche 64—68, 71, 89 f.
Novalis 9, 73.

R.
Rickert 12—21, 35, 40, 42, 73, 78—81, 85, 88.
Riehl 79.
Rosenkranz 2, 72, 90.
Rousseau 67, 90.

S.

Schelling 8, 47, 67, 73, 86.
Schiller 67.
Schlegel, Fr., 73.
Schleiermacher 57, 59.
Schopenhauer 65 f., 71.
Sigwart 30, 75 f.
Simmel 45 f., 80, 81.
Spencer 87.
Spinoza 7, 48.

Stammler 81.
Stephinger 78.

T.

Trendelenburg 30, 75.
Troeltsch 86.

W.

Wagner, R., 66.
Windelband 12, 14, 21 f., 40, 73 f., 76 f., 85, 90.
Wundt 45, 76, 80.

Printed by Libri Plureos GmbH
in Hamburg, Germany